RENUEVA TU MENTE

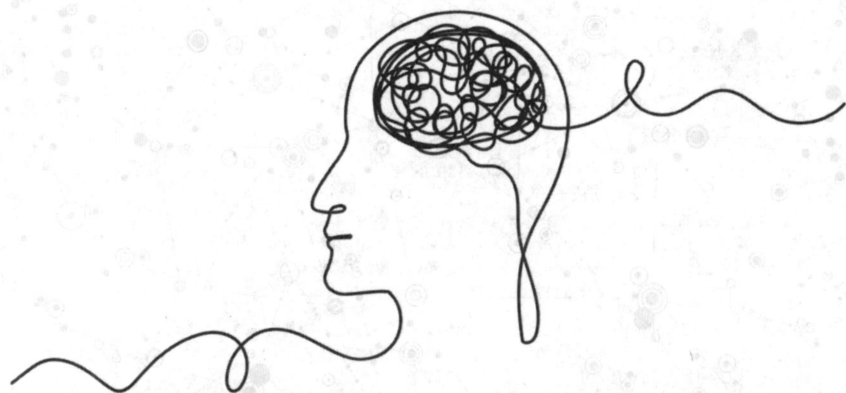

• LARRY CHRISTENSON •

Para vivir la Palabra

MANTENGAN LOS OJOS ABIERTOS,
AFÉRRENSE A SUS CONVICCIONES,
ENTRÉGUENSE POR COMPLETO,
PERMANEZCAN FIRMES,
Y AMEN TODO EL TIEMPO.
—1 Corintios 16:13-14 (Biblia El Mensaje)

Renueva tu mente por Larry Christenson
Publicado por Casa Creación
Miami, Florida
www.casacreacion.com

ISBN: 978-1-966427-43-8
E-Book ISBN: 978-1-966427-44-5

Desarrollo editorial: *Grupo Nivel Uno, Inc.*
Adaptación de diseño interior y portada: *Grupo Nivel Uno, Inc.*

Publicado originalmente en inglés bajo el título:
The Renewed Mind
Publicado por Bethany House Publishers
una division de Baker Publishing Group, Grand Rapids, Michigan.

Nota de la editorial: Aunque el autor hizo todo lo posible por proveer teléfonos y páginas de internet correctos al momento de la publicación de este libro, ni la editorial ni el autor se responsabilizan por errores o cambios que puedan surgir luego de haberse publicado.

Impreso en Colombia
26 27 28 29 30 LBS 9 8 7 6 5 4 3 2 1

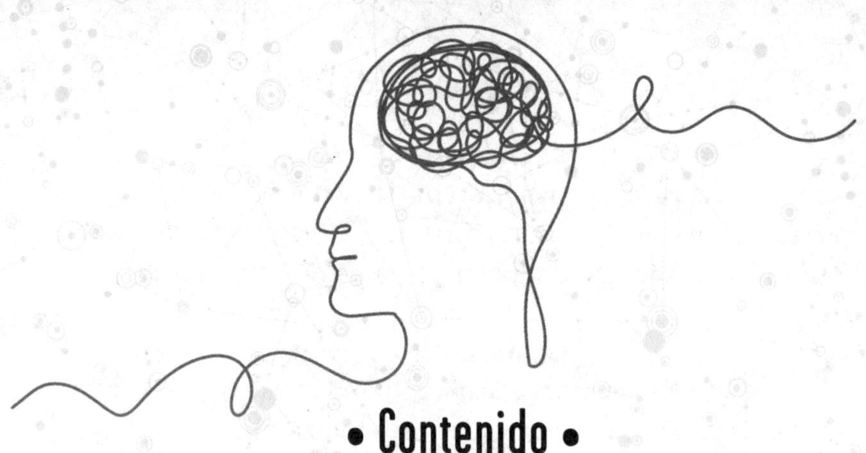

• Contenido •

• Cuarta parte •

La mente renovada acepta la disciplina

• Quinta parte •

La mente renovada ora con confianza

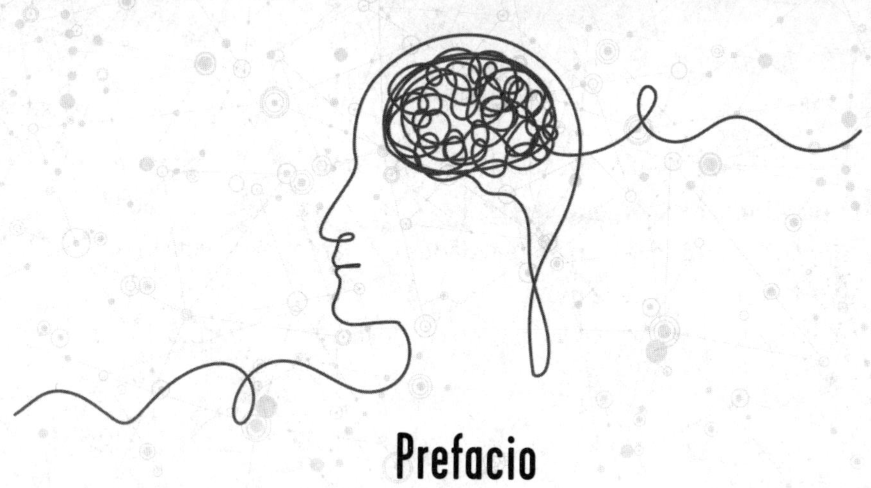

Prefacio

«No se amolden al mundo actual,
sino sean transformados mediante
la renovación de su mente.
Así podrán comprobar cuál es la voluntad de Dios,
buena, agradable y perfecta».
ROMANOS 12.2, NVI

La mente renovada ve la vida más desde el punto de vista de las parábolas que de los principios. Por supuesto, los principios están allí como fundamento invisible, sosteniendo y apuntalando. Pero aquello de lo cual se apodera la mente, aquello que hace que el principio sea operativo, a menudo es un cuadro, un relato, una imagen dramática. He visto ocurrir las más notables transformaciones en las personas cuando se usa una imagen vívida para renovar su modo de pensar y de actuar.

Los capítulos de este libro presentan una serie de imágenes y parábolas relacionadas con la vida cristiana y su crecimiento. Confío que ellas no solo le ofrezcan al lector una comprensión de los principios bíblicos, sino que sean guías prácticas para hacer que los principios se conviertan en realidades operantes en la vida diaria. Porque el objeto de la mente renovada no es simplemente reunir una colección de nuevas ideas, sino producir una vida transformada.

LARRY CHRISTENSON

Nota: En esta nueva edición ampliada de La mente renovada se ha añadido, en cada capítulo, una sección que llamaremos: «Preguntas para estudio». De modo que en cada grupo de estudio, cada uno podrá leer el capítulo asignado antes de reunirse y luego el grupo puede usar las preguntas para estudio como ayuda para la discusión y el debate. Si el grupo no cuenta con una asistencia regular se puede utilizar un método alterno: el líder podrá leer en voz alta una «versión condensada» (de diez a quince minutos) de cada capítulo cuando comience la reunión correspondiente. Luego podrán debatir al respecto. Las preguntas para estudio de cada capítulo se podrán imprimir y distribuir antes de cada reunión. La pregunta con opciones que aparece al principio de cada conjunto de preguntas sirve como incentivo para la discusión colectiva.

Primera parte:

La mente renovada depende de Dios

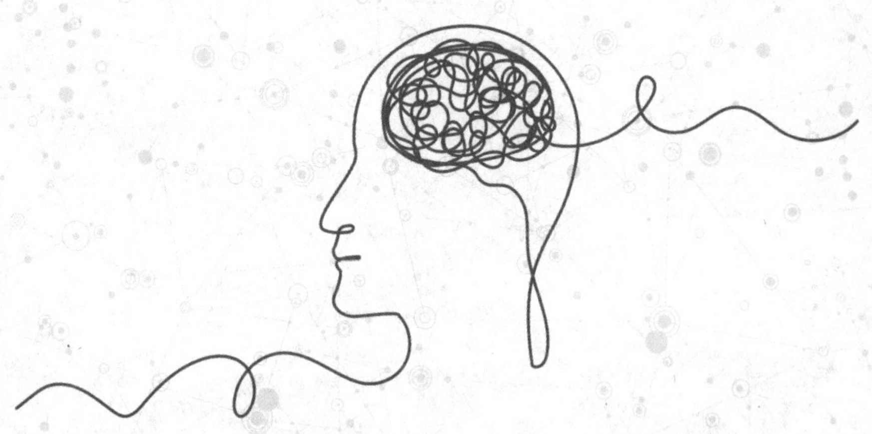

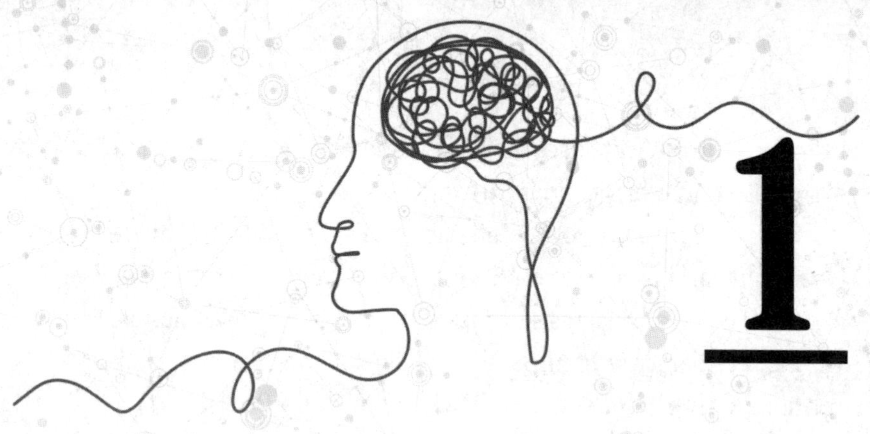

Vuelve al primer cuadro

Quiero hablarte sobre una idea curiosa que se me ocurrió un día. Imaginé un juego de mesa parecido al que conocemos como Monopolio.

Cada jugador tenía una ficha. Y todos los jugadores empezaban en el primer cuadro, por supuesto, de modo que no podías salir del primer cuadro hasta que llegara un pajarito rojo y se posara en ese primer cuadro mientras tu ficha estaba todavía allí. Cuando eso ocurría podías avanzar.

Empezaba el juego. Los jugadores comenzaban a jugar e iban quedando en distintos lugares según lo indicara la rueda que hacían girar. Llegó el momento en que el pajarito rojo se posó junto a mi ficha, fue entonces que pude salir del primer cuadro.

Así, en este juego, al avanzar por los cuadros del tablero vas cayendo en algunos que te indican que levantes una tarjeta de la pila que hay en medio de la mesa. Pero cada vez que yo levantaba una de esas tarjetas las instrucciones eran las mismas: «Vuelve al primer cuadro». Y entonces tenía que esperar otra vez a que viniera el pajarito rojo. Era bastante frustrante.

Así que pensé un poco y reflexioné: «Esto es una imagen de la vida cristiana. El propósito del Espíritu Santo conmigo es que vuelva al primer cuadro. Y ese es su propósito también para la iglesia».

La clave para la vida cristiana es volver al primer cuadro y avanzar continuamente, pero solo a partir del primer cuadro.

¿Qué es el primer cuadro? Es ese lugar en el que no podemos hacer o iniciar nada por nuestros propios medios. Tenemos que esperar a que venga el pajarito rojo. Podemos hacer girar la rueda todo lo que queramos, pero no producirá progreso real alguno hasta tanto llegue el pajarito rojo para liberarnos.

Es lógico si piensas de qué forma se inicia la vida cristiana. Comienza en el primer cuadro. Dios nos perdona y nos salva por su sola misericordia si ponemos nuestra confianza en Cristo y en su muerte propiciatoria. Nada podemos hacer nosotros para ganarnos la salvación. Dios nos pone en el primer cuadro y todo esfuerzo que hagamos por ganarnos la salvación o alcanzarla, queda sin efecto. Quedamos quietos. No podemos empezar a movernos hasta que el Espíritu Santo venga y nos dé la libertad de vivir en Cristo. Eso es la salvación. En términos teológicos, es justificación.

> «Porque por gracia ustedes han sido salvados mediante la fe; esto no procede de ustedes, sino que es el regalo de Dios, no por obras, para que nadie se jacte».
>
> —Efesios 2.8-9, NVI

Así que ahora que tienes la salvación, ¡empieza el juego de la vida! Haces girar la rueda, empiezas a avanzar y te toca ponerte en uno de esos otros cuadros que hay en el tablero.

Quizá no te des cuenta al principio, pero poco a poco vas entendiendo por qué parece que las tarjetas juegan en contra tuya. Cada vez que llegas a uno de esos cuadros que dice: «Toma una tarjeta», la carta te ordena: *Vuelve al primer cuadro.* Después de que te pasa dos o tres veces empiezas a sentir cierta frustración.

«Mira todos esos cuadros importantes que hay en la fila, Señor: entendimiento de las Escrituras, dones carismáticos, santidad, ministerio lleno del Espíritu, milagros, visiones, comunidades cristianas, ganar almas para Jesús, ¡hacer discípulos en todas las naciones! ¿Por qué no puedo avanzar hasta uno de esos? ¿Cómo voy a poder dar la vuelta a este tablero si todo el tiempo me mandan de regreso al primer cuadro?

Cuando te hagas ese tipo de preguntas (aunque con otras palabras) estarás acercándote al propósito verdadero del juego. *En la vida cristiana no se avanza hasta que nos demos cuenta de que no podemos hacerlo por nosotros mismos.* No podemos tomar el control de esta vida que Dios nos ha dado. Cada paso hacia adelante empieza con el regreso al primer cuadro, donde recibimos de nuevo la liberación del Espíritu Santo.

Nuestro juego imaginario tiene cinco características o partes principales:

- La rueda
- La ficha
- El tablero
- La pila de tarjetas
- El objetivo

La rueda

Tiene un puntero que le indica al jugador hacia dónde tiene que ir en la siguiente jugada. Pero no sirve de nada que hagas girar la rueda si no viene el pajarito rojo y se posa en el primer cuadro, mientras tu ficha de jugador está todavía allí.

Así es como se avanza en la vida cristiana. Dios pone fin a nuestro incesante girar en tantas ruedas de la actividad humana, esas cosas que iniciamos y luego, piadosos, le pedimos a Dios que bendiga. Él nos pone de nuevo en el primer cuadro y allí aprendemos a esperar la iniciativa del Espíritu Santo.

> «Yo sé que en mí, es decir, en mi naturaleza pecaminosa, nada bueno habita».
>
> —Romanos 7.18, NVI

No tengo la clave ni tengo poder propio para llevar la vida cristiana. Una y otra vez, tengo que volver al lugar en el que vuelvo a darme cuenta de que no puedo vivir mediante mis propios recursos. Tengo que volver al primer cuadro hasta que entienda de manera nueva y clara que solamente el Espíritu Santo puede hacerme avanzar en esta vida.

¡Ah!, claro que puedo hacer girar la rueda y avanzar como me parezca, pero sabes lo que pasa. Muchos proyectos caen y se desploman porque nos ha puesto nerviosos la espera, ese esperar a que el pajarito rojo venga; por lo que decidimos emprender las cosas por cuenta propia.

La esposa cuyo marido se convirtió estaba muy entusiasmada por contárselo a todos. «Perdimos a la mayoría de nuestros amigos ese primer año», dijo. Cuando se trata de compartir el testimonio de la fe tenemos que entrenar nuestros ojos espirituales para ver a cada lado, con visión periférica, si el pajarito rojo se ha posado junto a nosotros. Porque de otro modo nuestro testimonio probablemente solo logre que la gente se aparte de nosotros.

Es algo que parece suceder en especial con quienes tenemos más cerca, con los miembros de nuestra familia o congregación. Con ellos, nuestro testimonio a menudo tiene que traducirse primero al lenguaje del servicio amoroso. Si un hombre se llena del Espíritu y el sábado siguiente por la mañana su esposa lo encuentra arreglando la lavadora que ha estado funcionando mal durante un mes, o si la triste y cabizbaja Nellie tuvo una experiencia profunda con el Señor y su pastor pasa por la cocina de la iglesia y la ve colgando unas lindas cortinas de color en las ventanas viejas y descascaradas, sin decir siquiera una palabra, entonces ya hay en ello un mensaje sobre la vida en Cristo.

El Espíritu Santo puede estar dispuesto a dejarnos salir del primer cuadro si apuntamos en la dirección correcta en lo físico, lo mental y lo espiritual. Pero si tenemos la mente fija en algo en particular, que no forma parte del plan del Espíritu Santo para nosotros en ese momento, es probable que tengamos que esperar hasta que nos aquietemos y estemos más sensibles a las iniciativas del Espíritu Santo.

No importa cuál sea el llamamiento o ministerio, si es de testimonio, de oración, de enseñanza, de acción social, de dar… no habrá trabajo fructífero si no ha sido iniciado por el Espíritu Santo. La rueda del juego tal vez apunte a un trabajo enorme que en nuestra opinión puede edificar y contribuir al reino de Dios. Pero si el trabajo surge de nuestros propios recursos y lo hacemos a nuestro modo, estaremos construyendo con madera, con paja, con material que perece. Sin embargo, por otra parte, incluso si es una tarea que parece insignificante, si viene el pajarito rojo y nos da la iniciativa estaremos construyendo con oro, plata y piedras preciosas, de forma que construiremos algo que perdurará (ver 1 Corintios 3:11-15).

La ficha

La ficha representa el avance del jugador por el trayecto que marcan los cuadros del tablero. Las fichas son individuales, personales y no pueden intercambiarse. No hay ficha que pueda copiar las movidas de otra ficha.

La vida en Cristo nos es *dada* de principio a fin.

Muchos cristianos necesitan llegar al punto de tener clara conciencia de que no podemos añadirle ni sumarle nada a nuestra salvación. Es un regalo; un regalo de gracia, todo de gracia. Tenemos que ver también con la misma verdad el corolario de que *la vida que emana de la salvación (que llamamos santificación) también es de gracia*. Depende por completo de la obra del Espíritu Santo.

Cuando Dios nos manda de regreso al primer cuadro es porque está tratando de formar en nosotros una mentalidad orientada a la gracia, ese saber que *nosotros* no podemos hacerlo. Que es Dios quien tiene que hacerlo. Es lo que la Biblia llama una *mente renovada*.

Es natural que los seres humanos tengamos deseos de hacer cosas. Cuando recibimos la vida espiritual, queremos hacer cosas espirituales. Pero Dios nos dice: «No. Nada puedes hacer si el Espíritu Santo no es el que te da el poder para hacerlo». Cuando el Espíritu inicia algo entonces sí hay crecimiento verdadero, avance espiritual real.

Muchos cristianos anhelan crecer, madurar en el Espíritu. La Biblia nos urge:

> «Por eso, dejando a un lado las enseñanzas elementales acerca de Cristo, avancemos hacia la madurez. No volvamos a poner los fundamentos, tales como el arrepentimiento de las obras que conducen a la muerte, la fe en Dios, la instrucción sobre bautismos, la imposición de manos, la resurrección de los muertos y el juicio eterno. Así procederemos, si Dios lo permite».
>
> —Hebreos 6.1-3, NVI

Y son demasiadas las veces en que nos alentamos los unos a los otros a la actividad espiritual sin siquiera pensar en la obra del Espíritu Santo: «¡Da testimonio! ¡Da el diezmo! ¡Obedece! ¡Ama a tu esposa! ¡Pon en orden tu familia! ¡Ocúpate! ¡Participa! ¡Hacia la madurez¡ ¡Crece!».

El llamado a la madurez es muy distinto en la Biblia: «Así procederemos si Dios lo permite».

Al urgirnos los unos a los otros a hacer que nuestras fichas vayan avanzando a lo largo del tablero, en un torbellino de actividad carnal, Dios quiere enviarnos calladamente de regreso al primer cuadro hasta que nos demos cuenta de algo: «No puedo amar a mi esposa solo porque alguien me urge a hacerlo. Tengo que pedirle a Dios *que me permita* amar a mi esposa». Puede sonar extraño pero es verdad. No puedo amar a mi esposa *como Cristo amó a la iglesia* a menos que el Espíritu Santo me dé el poder para hacerlo. Mi amor por mi esposa es obra del Dios viviente.

Lo que debiéramos hacer es venir ante Dios con sinceridad, para decirle con urgencia:

> «Señor, por favor, *permíteme*. Permíteme amar a mi esposa. Permíteme obedecerte. Que ese pajarito rojo se pose junto a mí aquí, en el primer cuadro. Sé que no puedo hacer nada hasta que él venga y me libere. Señor ¡permítelo!».

El primer cuadro es el lugar en donde el Señor lleva nuestro propio esfuerzo al punto de quietud. Eso es lo que significa ser nueva criatura en Cristo. Nos movemos y avanzamos en la vida, no por nuestro propio poder sino por su gracia y su permiso. «Ya no vivo yo —ya no soy yo quien ama, ni yo quien obedece, ni yo quien sirve— sino que Cristo *vive en mí*. Lo que ahora vivo en el cuerpo, lo vivo por la fe en el Hijo de Dios, quien me amó y dio su vida por mí» (ver Gálatas 2.20, NVI). *He sido crucificado con Cristo.*

Eso se opone a nuestra mente natural. Como seres humanos nos resulta normal pensar en términos de lo que podemos o debemos hacer. Resulta entonces demasiado fácil —y es una tentación continua— reducir la vida cristiana al estado del deber. «¡Vamos! Haz que se mueva esa ficha ¡Mira todas esas obligaciones que esperan ser cumplidas!». Incluso si podemos entender la salvación —que es toda por gracia— seguimos pensando que *vivir* la vida cristiana es básicamente un deber. Que es algo que hacemos para mostrarle a Dios lo agradecidos que estamos porque nos salvó.

Dios nos pone continuamente de vuelta en el primer cuadro para que entendamos la hermosa verdad de que llevar la vida cristiana es un privilegio que él en su gracia nos permite.

No es por obligación sino por la gracia de Dios que podemos avanzar en el tablero con nuestras fichas y así progresar en la vida cristiana.

El tablero

Puede ser frustrante tener que esperar siempre a ese pajarito rojo. Parece algo restrictivo. Solo puedo hacer las cosas que Dios me deja. Mira todas las oportunidades, todas esas cosas que hay afuera y que hay que hacer. ¿Por qué no puedo hacerlas? Sin embargo, Dios insiste calladamente: «Espera, el pajarito rojo todavía no llegó. Quédate en el primer cuadro».

Al principio *sí es restrictivo*. Dios tiene que hacerlo. No quiere que salgamos al tablero de juego nada más que con nuestra propia fuerza y nuestros propios recursos. Dios quiere que cada paso que demos sea por iniciativa del Espíritu Santo y con su poder. Cuando Dios hace que lo entendamos, se abren perspectivas completamente nuevas del tablero de juego.

Andamos con anteojeras si vemos la vida cristiana simplemente como un deber. Porque solo vemos una posibilidad: avanzar con esfuerzo en algo a lo que nos acostumbramos o que tiene sentido según nuestra lógica natural. El Espíritu tiene una enorme cantidad de posibilidades que espera abrir ante nosotros, si estamos dispuestos a entrar en ellas solamente y siempre por iniciativa suya.

Cuando nos libramos de esas anteojeras quienes nos rodean a veces se sentirán molestos, perturbados o sorprendidos. Nos verán quizá entrando en cosas que ellos ni siquiera sabían que estaban en el tablero de juego.

Una vez un hombre me contó lo que había vivido su sobrina de cinco años. Estaba en un servicio de evangelización con su madre. Cuando llamaron a ir al altar, la niña tironeó del vestido de su madre y dijo:

—Mami, ¿puedo ir?

La mamá le dijo:

—Mejor espera, querida. Podrás hacerlo en unos años. Ahora eres muy pequeña.

Un poco después, la niña volvió a tironearla del vestido:

—Mami, quiero pasar adelante y ser salva.

—Espera unos años, amor. Ese tipo de cosas son para cuando tengas más o menos doce años.

—Pero quiero darle mi corazón a Jesús.

La mamá le palmeó la cabeza. Luego la niña volvió a tironear el vestido de su madre, que la miró y vio que tenía el rostro bañado en lágrimas.

—Mamá, Jesús acaba de salvarme.

La mamá iba a mantenerla en el primer cuadro hasta que la iglesia, según la tradición, dijera que estaba bien que avanzara. Pero el Espíritu Santo no siempre sigue nuestras tradiciones. A veces nos libera para que entremos en cosas que no se condicen con las tradiciones.

Pasó algo parecido cuando en las últimas décadas del siglo veinte hubo una renovación carismática en la iglesia.

Los «pequeños» decían:

—Mamá, ¿podré recibir alguno de esos dones de los que leí en la Biblia?

—Calla, amor. Eso era para la iglesia primitiva. No te hacen falta. Eran necesarios para que se formara la iglesia.

Y los niños seguían tironeando:

—Ma, en serio… yo querría esos dones. Me gustaría orar por los enfermos. Y me gustaría también hablar en lenguas.

—Pequeño ¡nosotros no hacemos esas cosas! No es… ¡no es nuestra tradición!

Entonces un día los pequeños llegaron a casa y dijeron:

—Mami, ¡sané! Mamá, ¡hablo en lenguas!

Cuando empiezan a caer las anteojeras de la religión orientada al deber, podemos ver el enorme potencial del Espíritu. En cierto sentido es restrictivo porque no podemos hacer nada a menos que el Espíritu Santo nos lo permita. Pero al mismo tiempo es liberador, porque el Espíritu nos permite hacer cosas que jamás podríamos haber soñado.

En este punto tenemos que insertar unas palabras acerca de la fe. ¿Cómo sabemos cuándo se posa el pajarito rojo en el primer cuadro? ¿Hay alguna sensación? No necesariamente. Las sensaciones y los sentimientos son una parte natural y maravillosa de la vida humana. Pero suelen ser como las teclas de un piano: son para usar de diversas formas, en distintas combinaciones. Uno no dice: «El mí bemol es para la música clásica. Si oigo un mí bemol sé que están tocando música clásica».

Tal vez una mañana llegues y veas a tus hijos tocar un ritmo beat en mí bemol.

La venida del Espíritu podrá evocar un sentimiento particular, pero el mismo sentimiento podría acompañar a otra experiencia también. Y a veces, la venida del Espíritu puede no evocar ningún sentimiento.

Nuestros sentimientos no son un detector confiable de todo lo que sucede alrededor nuestro.

¿Cómo sabes entonces cuándo viene el Espíritu? ¿Tomas una promesa de la Biblia? Cantas: «Todas las promesas de la Biblia son mías». El Espíritu Santo, de hecho, puede llegar en relación con una promesa de la Biblia en particular. Pero no podemos tomar la Biblia y elegir al azar una promesa solo basados en el deseo y la esperanza.

María no abrió un rollo del profeta Isaías en el que leyó: «Una virgen concebirá y tendrá un hijo …», para luego comentar: «Es una promesa maravillosa y la reclamaré para mí». Esa promesa le llegó a través del mensajero del Señor. Fue invitada personalmente a salir del primer cuadro, creyendo en la palabra que se le había dado personalmente. Más que una palabra que había entrado en su mente se trataba de una fe que había sido avivada en su corazón.

La fe no es un sentimiento. Tampoco es simplemente una idea en mi cabeza, algo intelectual que acepto como verdad. La fe es el Dios viviente mismo que entra en lo más íntimo de mi ser. El Espíritu Santo desciende y pone al Cristo vivo en unión conmigo y a mí en unión con él. «Dar un paso en la fe» es lo mismo que darlo en compañía del Señor Jesucristo, cuya vida se ha unido a la mía.

A veces puede ser un paso titubeante, temoroso, tembloroso. Te preguntas: «¿De veras vino el pajarito rojo o solo fue mi imaginación»?.

Es el Espíritu Santo el que planta la fe en el nivel más profundo de tu ser. Tus sentimientos e ideas quizá no entiendan enseguida qué es lo que sucedió. La mente y las emociones hasta pueden enviar señales contrarias de incertidumbre y duda cuando damos un paso en fe. No importa. Con el tiempo nuestra mente y nuestros sentimientos aprenderán que las movidas en este juego son las que nos llama a hacer aquel que es más alto y más profundo que nuestros sentimientos e ideas. El mismo Dios viviente es el impulso que hay tras esas jugadas.

El impulso del Espíritu Santo, con todo, no es completamente misterioso. Tiene ciertas marcas características. Jesús dijo: «... cuando venga el Espíritu de la verdad [el Espíritu Santo] ... me glorificará» (Juan 16.13-14, NVI). Si crees que el pajarito rojo está por llevarte a un área nueva en particular, pregúntate si la gloria de Dios es lo que está en el centro, si es tu interés principal. No temas indagar un poco en cuanto a lo que te motiva. Porque muchas veces, bajo el barniz del interés por la gloria de Dios, podrías chocarte con un bloque de interés propio. Si el interés por la gloria de Dios empuja al interés propio, es una fuerte señal de que estás moviéndote en una auténtica fe.

Jesús también dijo que juzgáramos al árbol por sus frutos (Mateo 7.20, NVI): «¿Dará buen fruto este nuevo paso? ¿Edificará al cuerpo de Cristo?». Cuando el Espíritu Santo nos llama a dar un paso de fe, el producto será el fruto de la fe.

La pila de tarjetas

Empezamos haciendo referencia a la pila de tarjetas que hay en el medio del tablero de juegos. Cada tanto el jugador cae en un cuadro que le indica que tiene que tomar una de esas tarjetas. Y todas las veces, la tarjeta lo envía de regreso al primer cuadro.

La vida cristiana victoriosa puede verse, desde afuera, como puro gozo y poder. Pero eso es verlo desde un solo ángulo. Los que miran no se dan cuenta de las muchas veces en que aparece la tarjeta que te manda a volver al primer cuadro. Una y otra vez Dios envía a su pueblo de regreso a ese lugar de completa dependencia de él, al punto en donde tenemos que esperar al Espíritu.

Un viejo y santo maestro de la Biblia dijo: «Todos me ven enseñando, ven que la gente escucha, se arremolina alrededor y piensan que es todo celestial. Lo que no ven es que cuando termina la reunión, yo voy a casa y muero». ¿Qué quería decir con eso? Quería decir que ministrar en el poder del Espíritu, ser un canal de los dones del Espíritu, es una crucifixión en el sentido más preciso.

Un sacerdote observó con agudeza respecto de los dones espirituales: «Los dones son una humillación, puesto que te llevan más allá de ti mismo al lugar en donde Dios mismo está obrando. Los dones son un llamado al servicio. Cuanto más grande sea el don, menos mía es mi vida».

Ministrar en el Espíritu significa que el Espíritu te mueve allí donde no tienes nada que dar y, sin embargo, tienes que ministrar de todos modos. Como Pablo, «en debilidad, gran temor y temblor», y aun así a través de nosotros ministra el poder de Dios.

Para el espectador, para el que observa desde afuera, el poder y la gloria pueden verse maravillosos, como algo atractivo. Recuerda la envidia con que el hechicero Simón habló del ministerio de Pedro (Hechos 8.2-24, NVI): estaba dispuesto a pagar dinero para tener ese mismo tipo de poder. Dios frena en seco esa clase de actitud. El Dios soberano nos envía de regreso al primer cuadro, donde aprendemos de nuevo a esperarlo. Es probable que no se vea por fuera pero, en lo profundo de tu interior, Dios te desnuda y despoja al punto que quedas sin nada. Entonces, Dios dice: «Te permito entrar en lo que tengo planeado que hagas».

Y eso nos trae otro tipo de frustración. Al principio sentimos frustración porque él nos envía una y otra vez de vuelta al primer cuadro. Pero cuando empezamos a sentirnos cómodos en el primer cuadro viene el pajarito rojo y nos dice que tenemos que avanzar. ¡Ni siquiera tienes la oportunidad de ser un mártir del primer cuadro por un ratito! Cuando te sientes fuerte, te mandan de nuevo al primer cuadro y cuando te sientes débil, viene el pajarito rojo.

Lo difícil es esta combinación de vida y muerte. Por naturaleza elegiríamos o una o la otra: o ser obradores de milagros, o ser mártires. Pero no las dos cosas al mismo tiempo. Estar en el primer cuadro sentimos el fuego por dentro y estamos encendidos, y luego ser enviados al ministerio cuando sentimos debilidad e indefensión, es la frustración y la gloria de la vida guiada por el Espíritu:

> «Dondequiera que vamos, siempre llevamos en nuestro cuerpo la muerte de Jesús, para que también su vida se manifieste en nuestro cuerpo».
>
> —2 Corintios 4.10, NVI

¿Ves lo que pasa en todo esto? ¿Ves la pregunta central detrás de cada movida sobre el tablero? Es esto: ¿Quién será el Señor? ¿Quién es soberano en la iglesia? ¿Quién tiene autoridad para determinar las movidas?

Casi todos los juegos establecen simplemente un conjunto de reglas. De cada jugador depende determinar las movidas, siempre y cuando se mantengan dentro de las reglas. Hay mucha gente que ve la vida cristiana de esa manera. Mientras el cristiano no rompa las reglas, es libre de decidir hacia dónde va.

Pero la Biblia describe un juego que es diferente, de otro tipo. Jesús no les dejó a sus discípulos un conjunto de reglas. Dijo:

> «Pero cuando venga el Espíritu de la verdad, él los guiará a toda la verdad».
>
> —Juan 16.13, NVI

No somos libres de hacer los arreglos que queramos en nuestras vidas, con la sola provisión de que cumplamos las reglas. Eso es vivir bajo la ley y Cristo nos libró de esa esclavitud.

La libertad del evangelio es para que te muevas con el Espíritu. Es la libertad circunscripta al conocimiento de que hasta que llegue el pajarito rojo nada me será posible. Y que cuando venga, no habrá nada imposible.

El objetivo

¿Qué hemos aprendido hasta ahora sobre este juego?

Primero vimos la rueda. Es la que señala cuál será la próxima movida. ¿Quién determinará el momento y el rumbo de esa movida: cada cristiano o el Espíritu Santo?

Luego vimos la ficha. Representa nuestro avance por los cuadros del tablero. No podemos avanzar hacia la madurez por voluntad propia, por esfuerzo propio. Solo nos movemos cuando el Espíritu Santo en su gracia nos lo permite y nos da poder para hacerlo.

Vimos que el tablero de juego está desplegado ante nosotros con las posibilidades de nuestra vida en Cristo. Solo el Espíritu Santo puede abrir ante nosotros todo el potencial y alcance de esa vida.

La pila de tarjetas en medio del tablero nos manda continuamente de regreso al lugar donde comenzamos. Una y otra vez tenemos que volver a ese lugar donde reconocemos nuestra total dependencia del Espíritu.

Ahora vamos a terminar nuestro repaso del juego centrando la mirada en el objetivo. ¿De qué sirve un juego en el que el jugador tiene que volver todo el tiempo al primer cuadro?

El primer cuadro es el «Cuadro del recuerdo». Martín Lutero dijo:

> «Continuamente tenemos que recordarle el evangelio a las personas, porque lo olvidan».

Aunque quizá sepamos recitarlo a la perfección como doctrina memorizada, en los asuntos cotidianos de la vida casi siempre tendemos a depender en cuanto a todo de nosotros mismos.

> «¡Gálatas torpes! … Después de haber comenzado con el Espíritu, ¿pretenden ahora perfeccionarse con esfuerzos humanos?»
>
> —Gálatas 3.1, 3, NVI

Cuando Dios me devuelve al primer cuadro mi carne grita: «¡No estoy yendo a ninguna parte!». Y ese es, justamente, el punto, el sentido de todo el juego. Podemos avanzar en el Espíritu solo cuando muere nuestra carne. Hay un hombre que lo dijo de manera bellísima: «El crecimiento cristiano tiene que ver con el crecimiento de la obra del Espíritu en nuestras vidas. El Espíritu crece y avanza. Nosotros morimos y retrocedemos. Cristo vive, nosotros morimos. Ese es el crecimiento cristiano».

«El Espíritu crece y avanza. Nosotros morimos y retrocedemos…», de regreso al primer cuadro.

El Señor no nos pone ahí para hacer o cumplir en nosotros la misma obra una y otra vez. Nos pone allí como recordatorio de que cada paso hacia adelante en la vida cristiana lleva en sí mismo la marca de su origen.

> «Por eso, de la manera que recibieron a Cristo Jesús como Señor, vivan ahora en él».
>
> —Colosenses 2.6, NVI

¿Cómo recibiste a Cristo Jesús? Lo recibiste al dejar de depender de ti, de tu propio ser, y empezar a depender de Cristo. ¿Y cómo vas a vivir en él? De la misma manera.

Así que el objetivo del juego no es crecer y llegar a ser algo en y por nosotros mismos, sino que se trata de volver continuamente al punto en el que Cristo pueda ser algo en nosotros. Lutero lo dijo así: «El avance en la vida cristiana es perder todo lo que sea propio y empezar de nuevo, una y otra vez».

Vuelve al primer cuadro

El Espíritu continuamente va abriendo nuevas secciones del tablero, nuevas dimensiones de nuestra vida en Cristo. Cada experiencia es única. La experiencia del arrepentimiento no es la misma que la de profetizar; interpretar una visión no es lo mismo que dar el diezmo; meditar no es lo mismo que hacer obras de misericordia. Y sin embargo cada experiencia, por diferente que sea y no importa en qué punto del camino de la madurez cristiana esté, comienza desde el mismo lugar: el primer cuadro, el lugar de la dependencia del Espíritu.

Cuando el Señor te envíe de regreso al primer cuadro puedes tener la certeza de que está planeando el siguiente paso de avance en tu andar cristiano.

• GUÍA DE REFLEXIÓN •

1. De las siguientes palabras o frases, ¿cuáles son las que describen mejor el tema de este capítulo?

   a. Justificación
   b. Depender del Espíritu Santo
   c. Aprender a orar
   d. Pureza
   e. Vencer el desaliento

2. Enumera algunas áreas de la vida cristiana en las que haya «brechas» entre lo que somos y lo que queremos o debemos ser.

   ____
   ____
   ____
   ____

3. Este capítulo usa la figura de un «juego» para ilustrar algunas verdades sobre la vida cristiana. Debajo hay cinco características o partes del juego. Cada una se relaciona con una palabra en particular que sirve de clave para su significado espiritual. Describe o explica el significado de cada parte del juego y de la palabra que se relaciona con ella.

   a. La rueda – iniciativa
   b. La ficha – el avance o progreso
   c. El tablero de juego – las posibilidades
   d. La pila de tarjetas – dirección
   e. El objetivo – recordar

Vuelve al primer cuadro

4. ¿Qué tema o enseñanza básica está presente en las cinco partes o características que aparecen en la lista?

   ____

   ____

   ____

5. ¿Cómo describirías nuestra parte o responsabilidad en este «juego» de la vida?

   ____

   ____

   ____

6. Para pensar y debatir: ¿en qué parte de tu vida te resulta más fácil aplicar el tema de este capítulo? ¿Y en cuál es más difícil?

   ____

   ____

   ____

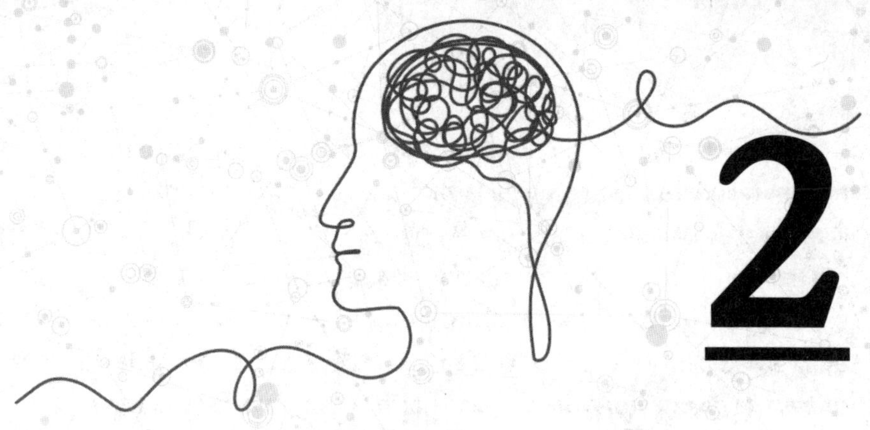

Haz los moldes de la santidad y permite que Dios los llene

¿Has tratado alguna vez de dominar un mal hábito? Tomas la determinación, forzas tu voluntad hasta la última vuelta y piensas que ya lo has vencido por completo. De repente, ¡ahí está otra vez!

¿Han surgido en tu mente pensamientos e ideas que te harían ruborizar si se anunciaran públicamente a través de un altavoz? Claro que no quieres tener esos pensamientos. Pero mientras más peleas contra ellos, parece que se hacen más fuertes.

¿Pensaste alguna vez que estabas comenzando a progresar en la vida cristiana, cuando de repente llegó una situación que provocó en ti hostilidades, las cuales ni sabías que tenías? Es entonces cuando comienzas a preguntarse si tu vida espiritual va en retroceso.

Las experiencias de esta naturaleza tienen un común denominador. Dan testimonio de la brecha que existe entre lo que somos y lo que queremos ser, lo que debemos ser. Pudiéramos llamarla la brecha de la santidad.

En Gálatas 5.16, Pablo nos ofrece un consejo práctico y genuino con respecto a la brecha de la santidad. Es una enseñanza que levanta el morral del trabajo fuerte y penoso de sobre tu vida como cristiano, y que alienta en ti un nuevo sentimiento de aventura, expectación, gozo y, sobre todo, una fresca esperanza de victoria. Es una verdad para los que están cansados de llevar vidas derrotadas y que están dispuestos a dar un paso hacia la columna de la victoria:

«Andad en el Espíritu,
y no satisfagáis los deseos de la carne».

El individuo bueno y el individuo malo EN TI

Cuando nos elevamos en el helicóptero de nuestro intérprete para ver el terreno de este versículo, hay algo que inmediatamente capta nuestra mirada: ¡Se está librando una batalla! Es una batalla entre el «Espíritu» y la «carne». Es la misma batalla que viviste cuando intentaste dominar un mal hábito, pero no pudiste. Es la lucha en la cual te metiste cuando surgieron en tu mente pensamientos, ideas y actitudes tales que parecía que no los podías controlar. Es la misma guerra que se libró dentro de ti cuando te sentiste llamado a cierta tarea, pero retrocediste ante la duda y el temor. En el argot televisivo se diría que es una lucha entre el «personaje bueno» y «el malo»: entre el tipo bueno y el tipo malo dentro de ti.

Martín Lutero comenta al respecto:

> «Hay dos capitanes contrarios dentro de usted: el Espíritu y la carne. Dios ha promovido dentro de su cuerpo una contienda y una batalla: porque el Espíritu lucha contra la carne, y está contra el Espíritu. En este caso no exijo nada

de vosotros, sino que sigáis al Espíritu como vuestro capitán y guía, y que resistáis al otro capitán: la carne. Pues eso es lo único que podéis hacer».

La santidad, una aventura de cooperación entre tú y Dios

La última frase del comentario de Lutero señala algo que fácilmente podemos pasar por alto. En la batalla entre la carne y el Espíritu, es importante saber qué es lo que se espera de nosotros, pero igualmente relevante es saber qué es lo que no se espera de nosotros. Este último punto es el que casi universalmente se obvia.

Leemos en Filipenses 2.12-13:

«Lleven a cabo su salvación con temor y temblor».

Esto se refiere a algo que debemos hacer. Pero el versículo siguiente dice: «...pues Dios es quien produce en ustedes tanto el querer como el hacer para que se cumpla su buena voluntad», lo cual se refiere a lo que no podemos hacer; lo que tiene que hacer Dios.

El crecimiento cristiano es una obra de cooperación entre el creyente cristiano y Dios. Intentar hacer lo que no nos corresponde es un error tan grande como dejar de hacer lo que nos corresponde. En realidad, una de las más hábiles maniobras del enemigo consiste en instigarnos a hacer aquello que no se espera de nosotros —lo que, en efecto, no es imposible hacer— y, de ese modo, desanimarnos de tal manera que terminemos no haciendo ni siquiera lo que se espera de nosotros y que nos es posible hacer. ¿Cuál es nuestra parte, y cuál la de Dios, en esta aventura conjunta? Otros dos pasajes bíblicos arrojan más luz sobre el asunto.

En Salmos 51.6-12 leemos:

> «Yo sé que tú amas la verdad en lo íntimo;
> en lo secreto me has enseñado sabiduría.
> Purifícame con hisopo, y quedaré limpio;
> lávame, y quedaré más blanco que la nieve.
> Anúnciame gozo y alegría …
> Crea en mí, oh Dios, un corazón limpio,
> y renueva la firmeza de mi espíritu.
> No me alejes de tu presencia
> ni me quites tu santo Espíritu.
> Devuélveme la alegría de tu salvación;
> que un espíritu obediente me sostenga».

¿Quién es el que actúa en estos versículos y sobre quién actúa? ¿Quién es el que produce «la verdad en lo íntimo … y en lo secreto»? Dios es el que hace comprender, purifica, lava, hace oír gozo y alegría, crea, renueva y sustenta. Cualquier cambio que ocurra en lo profundo del corazón es obra de Dios.

En Colosenses 3.12-14 se nos dice:

> «Por lo tanto, como escogidos de Dios, santos y amados, revístanse de afecto entrañable y de bondad, humildad, amabilidad y paciencia, de modo que se toleren unos a otros y se perdonen si alguno tiene queja contra otro. Así como el Señor los perdonó, perdonen también ustedes. Por encima de todo, vístanse de amor, que es el vínculo perfecto».

¿Quién es el que actúa en estos versículos? ¿Quién se viste de entrañable misericordia, de benignidad, de humildad, de mansedumbre, de paciencia, de perdón y de amor? El escogido de Dios; el creyente cristiano. La obra externa, visible, de verterse le corresponde al creyente cristiano.

Esta es, entonces, la «división del trabajo» en la obra de santificación: el creyente cristiano se viste con la apariencia externa de Cristo; Dios es el que ejecuta el cambio interno en el corazón.

Haz los moldes y permite que Dios los llene

Pensemos en los moldes de madera que el carpintero hace, dentro de los cuales ha de derramarse el cemento. Esos moldes tienen la forma que ha de tomar el cemento. Cuando este se endurezca, se desechan esos moldes; lo único que permanece es la estructura de cemento. Ellos solo cumplen una función temporal, en tanto que el cemento tiene una función duradera.

Los moldes de madera representan el papel del creyente cristiano en la santificación. El creyente no puede producirse la paciencia, la bondad ni el amor dentro de sí mismo. Solo tiene que construir la forma externa dentro de la cual Dios derrama su permanente obra de santidad.

Supongamos que una mujer tiene una vecina que trata de poner a prueba la paciencia de ella. Ella lucha para dominar su impaciencia. Pone una tapa a sus ardientes resentimientos lo mejor que puede. Pero todo el tiempo se siente culpable, por cuanto está impaciente. «Solo tengo que ser más paciente», vive diciéndose. Pero no tiene éxito. Parece que es completamente incapaz de cambiar. Y, en realidad, lo es. La impaciencia es una actitud del corazón. Solo Dios puede cambiarla.

Ahora bien, ella llega a comprender la verdad que estamos considerando. Entiende que no se espera que ella cambie su impaciencia en paciencia. Solo se espera que se vista de paciencia. Solo tiene que hacer el molde que le da la forma externa a la paciencia.

De modo que acude a su carpintería espiritual y escoge algunas tablas apropiadas para hacer el molde. La primera tabla se llama «escuchar». Tendrá que comenzar a escuchar a su irritante vecina. Ciertamente, la vecina raras veces la escucha a ella. Pero ese no es el asunto. Ella no está buscando ninguna recompensa específica por parte de su vecina. Está construyendo un molde en el cual Dios pueda derramar la paciencia de él. Y uno de los lados de ese molde es oír. «Oye a esa vecina, conócela un poco mejor. No te preocupes por la impaciencia que sientas mientras la escuchas. Cuando el molde esté listo, y Dios derrame dentro de él la paciencia divina, la impaciencia será desplazada tan ciertamente como el cemento desplaza al aire cuando es derramado dentro del molde».

La «oración» es el nombre de la segunda tabla que se necesita para construir el molde de la paciencia. Tal vez nunca hayas orado por esa vecina. Comienza a pedir que Dios la bendiga a ella y a su familia.

Hay otra tabla que sirve muy bien para este molde: un «acto espontáneo». ¡Ah!, claro, ella nunca se ofrece para hacer algo en favor tuyo. Eso no importa. Esta tabla ayuda a hacer la clase de molde que Dios puede usar. De modo que puedes ofrecerte para cuidarle los niños mientras ella va de compras, o tal vez puedes hacerle un pequeño regalo.

Luego puedes completar el molde con aquella tabla que está empolvada en el rincón, que se llama un «comentario bondadoso». No eres la única persona a quien esa vecina ofende. Métete en cualquier grupo del vecindario y probablemente oirás comentarios calumniosos con respecto a ella: sobre la manera como le grita a su esposo o el modo como trata a los hijos. Así que, en medio de esa conversación, haz un comentario bondadoso con respecto a tu vecina: algo que sea cierto y digno de alabanza.

El papel que desempeña la FE

Ya está hecho el molde: solo le falta una cosa. Todavía falta clavar las tablas para que estén unidas. Tú puedes tener las tablas que se necesitan, pero si no las clavas de tal modo que permanezcan juntas formando el molde, el cemento se saldrá y se habrá perdido todo el trabajo de seleccionar la madera. A los clavos que mantienen unido este molde espiritual se les da el nombre de «fe».

Pero, ¿fe en qué? Fe en que el molde ha de ser usado. En el caso de nuestra figura, fe en que el encargado del cemento va a continuar con la obra que le corresponde: derramar el cemento dentro del molde que hiciste.

¿Puedes imaginarte a un carpintero que hace moldes todo el día y, a la vez, que el hombre encargado de llenarlos con el cemento nunca se aparezca? Día tras día, el carpintero hace moldes de madera para cemento, pero nunca son utilizados. ¡Qué trabajo más inútil!

Inútil es también la obra del que se viste con el molde de la paciencia, el amor y la benignidad, sin tener cierta clase de fe en que Dios ha de usar ese molde para hacer la obra en el corazón de esa persona. Toda la obra de la santificación depende de la fe: fe en que cuando nosotros construimos el molde externo, Dios lo va a llenar con el cemento divino.

Los moldes de madera que hace el carpintero a menudo no tienen mucha gracia. Una tabla puede proyectarse sobre las otras. Puede ocurrir que dos tablas que quedan juntas no emparejen bien. Otra puede estar estropeada o torcida. Así sucede también con los moldes de santidad que construimos. Solo son una aproximación a lo real. La mejor aproximación que podemos lograr de una conformidad externa. Pero cuando hacemos ese molde para Dios, y tenemos fe en que él lo llenará, el molde se adapta a su propósito divino. A su debido tiempo, ese molde de apariencia desgarbada habrá cumplido su propósito y podrá ser descartado. Lo único que quedará será el cemento divino.

El molde que construimos —la paciencia de que nos vestimos— nunca será tan bello, ni verdadero, ni fuerte como la realidad. No se tiene el propósito de que lo sea. Solo es la expresión activa de nuestra fe en que Dios formará en nosotros una paciencia bella, verdadera y real.

Esto es lo que San Pablo quiere indicarnos en Gálatas 5.16, donde dice: «... no satisfagáis los deseos de la carne». No dice: «No tengáis los deseos»; sino «No los satisfagáis». En otras palabras, no les des expresión externa.

La carne inspira en ti el deseo de golpear y herir a alguno que se le atraviesa en el camino. El versículo no dice: «Ten cuidado, no puedes tener ese sentimiento; ¡esos son sentimientos terribles para un cristiano!» Simplemente dice:

> «... no satisfagáis los deseos de la carne».

Esto es, no permitas que esa palabra sarcástica salga de tus labios. No dejes que el puño se proyecte. No cumplas el plan de herir a la otra persona. No satisfagas tus deseos.

Cuando construyes este molde externo de no satisfacer los deseos de la carne con la fe de que Dios ha de llenarlo, Dios asume la responsabilidad de reemplazar ese deseo de la carne por el fruto del Espíritu. Esa es una sencilla y bendita cooperación: Nosotros hacemos la parte externa y temporal; Dios hace la parte interna y duradera.

Lo que queda cuando todo está hecho es la obra de Dios. La santificación es verdaderamente una obra de gracia. Sin embargo, hemos tenido una parte en ella. Nuestra fe ha construido un molde que pudo recibir la bondadosa obra de Dios, pues Dios no derrama su gracia donde no hay fe que la reciba.

Este es entonces el secreto de la santificación: construir los moldes externos de la santidad con la expectante fe de que Dios ha de henchirlos.

La importancia de la HONESTIDAD

Pudiera surgir este pensamiento: Pero, ¿no hace esto que seamos hipócritas? Si decimos palabras amables o hacemos algo intencional, cuando sentimos exactamente lo opuesto, ¿no somos hipócritas? No, de ninguna manera. Hipócrita es el que pretende ser algo que no es. Pero nosotros no nos engañamos a nosotros mismos. Somos absolutamente honestos delante de Dios.

Señor, tú sabes que no tengo ni una pizca de paciencia con esa persona. Pero, Señor, creo que si construyo el molde externo de esa paciencia, tú lo llenarás fielmente con la paciencia que es realmente divina. Si tú no hicieras eso, todo el esfuerzo por revestirme de paciencia sería un movimiento perdido. Yo no sería capaz de crear en mí ni un ápice de paciencia real. Pero, Señor, confío en ti. ¡Sé que llenarás este molde externo con el contenido de la paciencia verdadera! Tú harás en mí «lo que es agradable» delante de tus ojos (Hebreos 13.21).

Estos moldes externos se hacen para el Señor, no para otra persona. No hay hipocresía en cuanto a presentar estos moldes externos de amor, como si realmente quisiéramos que así fuera, pues en verdad así lo deseamos. Sería hipocresía si asumiéramos delante del Señor que esos moldes constituyen la verdadera santidad. Aunque claramente reconozcamos y confesemos que esos moldes son solo la ocasión o el receptáculo, para que Dios haga su obra duradera en nuestros corazones, no hay peligro de caer en hipocresía.

¡Qué carga tan grande la que se quita de nuestros hombros cuando comprendemos esta sencilla verdad! Ya no estamos atrapados en la desesperada tarea (en realidad perversa) de tratar de intimidar a nuestros corazones para que se sometan a nuestra voluntad.

«Sé más noble —nos gruñimos a nosotros mismos—. Vuélvete bondadoso, ¿me oyes? No dejes que de ti me venga otra actitud cruel, ¡entiéndeme!».

Todo eso queda tranquila y terminantemente puesto a un lado. La total obra interna, en el corazón, se le entrega de manera íntegra a Dios. Simplemente construimos los moldes externos de la santidad y dejamos que el corazón sea moldeado según la voluntad de él, por su Espíritu. Porque el corazón no se someterá a nuestra voluntad, ni tampoco puede. El corazón solo puede ser cambiado por el Espíritu Santo.

Libres y victoriosos por medio de Cristo

No necesitamos en determinado momento ser esclavos de lo que sentimos, ni de lo que deseamos. No andamos según nuestros sentimientos ni nuestros deseos: andamos por fe. Creemos que al conformar nuestras vidas a la voluntad de Dios en todas las cosas externas, de la mejor manera que podamos, él gradualmente conformará nuestros sentimientos y deseos para que coincidan con los de Cristo.

No suprimimos ni negamos nuestros sentimientos: simplemente controlamos su expresión externa, en tanto que referimos los sentimientos mismos a Dios. Llegamos a considerar los deseos de la carne con cierta calma desapasionada. Porque creemos que el cemento divino del Espíritu desplazará serena y efectivamente ese deseo de la carne según el programa de Dios. Tal vez necesitemos un día, o un año, para hacer determinado molde. No importa:

Haz los moldes de la santidad y permite que Dios los llene

> «Que Dios mismo, el Dios de paz, los santifique por completo … El que los llama es fiel, y así lo hará».
>
> —1 Tesalonicenses 5.23, 24

Cuando somos libres de la esclavitud de lo que sentimos, estamos en libertad para seguir y cumplir el plan de Dios para nuestra vida. Una revista para damas publicó un artículo con el título: «Aprendí a amar a mi esposo». La autora relata cómo se apresuró a un prematuro e imprudente matrimonio con el solo objeto de escapar de una situación desagradable que había en su hogar. Cuando desapareció la novedad de la relación conyugal, ella descubrió que estaba atrapada en un matrimonio con un hombre a quien no amaba. De algún modo, esta verdad básica de la santificación le llegó a ella.

Así que comenzó a actuar de la manera que lo haría una mujer que realmente amara a su marido. Se impuso a sí misma la molestia especial de preparar los alimentos que él prefería. Comenzó a mantener la casa de tal modo que le agradara a él. Se expresaba de él en la manera más amable que podía.

Unos años después, uno de los hijos adolescentes del matrimonio dio un elocuente testimonio del éxito de esa aventura: «Mamá, todos los muchachos decimos que hemos sido muy afortunados, porque tú y papá se gustan mucho el uno al otro». Ella había construido el molde externo del amor, ¡y Dios fielmente lo había llenado con el amor real!

Dios tiene programado un plan de santificación para todo creyente cristiano. Él tiene una serie completa de anteproyectos preparada para cada uno de nosotros, en un orden significativo. A medida que vivamos cerca de él, nos mostrará el anteproyecto que nos tiene para el próximo molde que debemos construir. Y cuando nosotros construimos los moldes de santidad que él pone delante de nosotros, y experimentamos su divina plenitud, llegará a ser nuestra experiencia lo que afirma Efesios 2.10:

> «Porque somos hechura de Dios, creados en Cristo Jesús para buenas obras, las cuales Dios dispuso de antemano a fin de que las pongamos en práctica».

• GUÍA DE REFLEXIÓN •

1. De las siguientes palabras o frases, ¿cuáles describen mejor el tema de este capítulo?

    a. Oración
    b. Formación de buenos hábitos
    c. Aprender a perdonar
    d. Vida familiar
    e. Saber escuchar

2. ¿De qué manera describe o presenta este capítulo la cooperación entre el ser humano y Dios con respecto a la santidad o santificación?, (¿qué parte es la del ser humano y qué parte la de Dios?).

    ____
    ____
    ____
    ____
    ____

3. ¿Cómo resumirías el papel de la fe en la santificación según lo que dice este capítulo? En tu vida y tu experiencia, ¿qué es lo que alienta a la fe y qué la desalienta?

    ____
    ____
    ____
    ____
    ____

4. Si actúas de manera distinta a lo que eres en realidad, o a lo que sientes, algunos podrían decir que eres hipócrita. ¿De qué modo trata esta acusación el capítulo?

____

____

____

____

5. ¿Hay algún área de tu vida en la que podrías poner en práctica como «experimento» la enseñanza de este capítulo? Si tienes tiempo y puedes, antes de la reunión grupal, anota el resultado de tu experimento y si sientes que es pertinente, compártelo con los demás.

____

____

____

____

6. ¿Cuáles son algunas de las «áreas problemáticas» en tu vida (pecados en particular, hábitos, defectos) en las que podría serte útil la enseñanza de este capítulo?

____

____

____

____

7. Resume la enseñanza principal del capítulo en solo una o dos oraciones.

____

____

____

____

8. Para pensar y debatir: supongamos que llega alguien a tu grupo y pide ayuda para lidiar con un hábito o problema en particular, como los chismes, el carácter explosivo, comer de más, decir malas palabras, preocuparse por el dinero, etc.

    a. Como grupo, primero acuerden sobre qué hábito o problema en particular van a hablar.
    b. Luego, apliquen colectivamente la enseñanza de este capítulo al problema que están tratando. Presenten sugerencias prácticas o «formas visibles» que pudieran ayudar a alguien a poner en práctica la enseñanza de este capítulo.

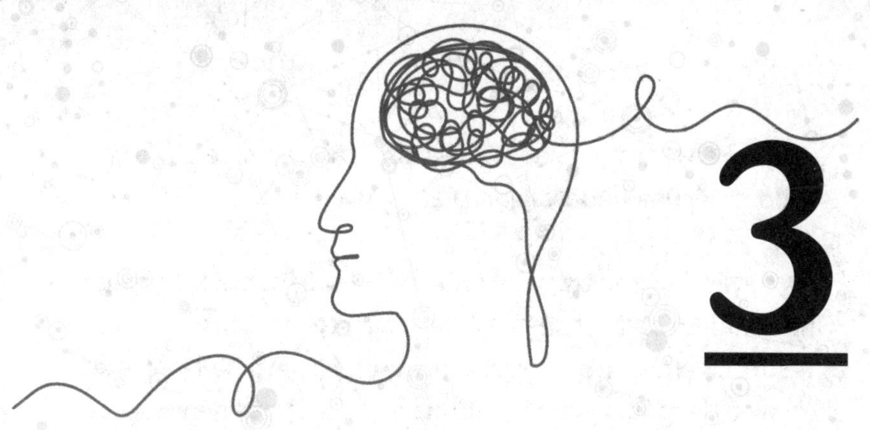

Explora el misterio de Dios

Cuando Jesús vino a Galilea predicando: «El tiempo se ha cumplido, y el reino de Dios se ha acercado», no le estaba presentando una nueva idea al pueblo. Estaba exponiendo el deseo en una esperanza profundamente arraigada en el corazón de todo israelita. Sus Escrituras y sus tradiciones estaban saturadas con esa esperanza.

Estaba en las visiones de Daniel, Ezequiel y Zacarías. Estaba en las profecías de Isaías y Jeremías. Estuvo en los reinados de David y Salomón, que fueron considerados como símbolos del reino venidero de Dios. Esa esperanza estaba en las palabras que Dios les dio en el monte Sinaí: «… ustedes serán para mí un reino de sacerdotes y una nación santa» (Éxodo 19.6). Estaba en la bendición que el anciano Jacob impartió en la cabeza de Judá:

> «El cetro no se apartará de Judá, ni de entre sus pies el bastón de mando».
>
> —Génesis 49.10

Estaba en la promesa que Dios le hizo a Abraham, según la cual este poseería una tierra y llegaría a ser una gran nación (Génesis 12.1-2).

A través de los años, en el Antiguo Testamento, la idea de un reino venidero de Dios se había desenvuelto y desarrollado lentamente. En el tiempo de Jesús, tal esperanza estaba latente en el corazón de todo hijo de Israel: una esperanza de liberación, de establecimiento como pueblo, de gloria.

La promesa de un reino

Jesús vino a cumplir la promesa de un reino. La primera palabra que se dijo con respecto a él fue esta: «Dios el Señor le dará el trono de su padre David, y reinará sobre el pueblo de Jacob para siempre. Su reinado no tendrá fin» (Lucas 1.32). La última pregunta que se le hizo antes de su ascensión al cielo, fue: «Señor, ¿es ahora cuando vas a restablecer el reino a Israel?» (Hechos 1.6). El mismo nombre que le correspondió, «Mesías» o «Cristo», significa «El Ungido»: era una designación correspondiente a un reino, a la manera del ungimiento de los reyes en el Antiguo Testamento.

El «reino de su amado Hijo», del cual nos habla Pablo en Colosenses 1.13, es el mismo reino de Dios profetizado a través del Antiguo Testamento. «La esperanza de gloria», de la cual habla él mismo en el versículo 27 del mismo capítulo, es precisamente la esperanza del reino que se manifiesta a través tanto del Antiguo como del Nuevo Testamento.

El misterio del reino

En el reino hay un elemento escondido, un «misterio». Este misterio no fue revelado a las generaciones de las eras antiguas. Solo inmediatamente después de la muerte, resurrección y ascensión de Cristo,

Dios reveló plenamente este aspecto misterioso de su reino. Y el misterio es este: «que es Cristo en ustedes, la esperanza de gloria» (Colosenses 1.27). La esencia del reino de Dios está contenida en Cristo, y Cristo está en nosotros. Cristo —en ustedes—, la gloria que nosotros esperamos, es el reino. Dijo Jesús:

> «No van a decir: "¡Mírenlo acá! ¡Mírenlo allá!" Dense cuenta de que el reino de Dios está entre ustedes».
>
> —Lucas 17.21

Dentro de la iglesia ha habido la horrible tendencia a hacer sentimental o racionalizar este profundo misterio de nuestra fe. «El reino de Dios está entre vosotros». Se ha entendido que esta declaración significa que el reino consiste en los valores morales y espirituales que Jesús enseñó, los cuales la persona traslada a sí misma por medio de la instrucción, por medio de los cuales trata entonces de guiar su vida. Pero eso es precisamente lo que no es el reino; porque entonces ya no sería un «misterio» escondido en las generaciones de las edades antiguas.

Los valores espirituales y morales del reino de Dios no estuvieron ocultos de las generaciones en las antiguas edades. Más bien fueron proclamados con gran detalle. Las enseñanzas de Jesús fueron en gran parte citas y aplicaciones de los valores del reino que ya se habían revelado en el Antiguo Testamento.

El misterio no estaba constituido por los valores morales y espirituales que Jesús enseñó. Más bien era un elemento totalmente imprevisto: que la esencia del reino de Dios se resumiría en la Persona de Cristo, y que él sería entonces impartido misteriosamente a los creyentes cristianos por medio del poder del Espíritu Santo.

¿Cuál es nuestra gran falla en nuestra vida diaria como cristianos? ¿Cuál es la razón de la frustración de nuestro deseo de llevar una vida santa? ¿Por qué carecemos de poder? ¿No será que todavía estamos viviendo a la sombra del monte Sinaí, tratando de vivir de forma que agrademos a Dios por el poder de nuestra propia voluntad y de nuestras buenas intenciones, y no por medio del poder de Cristo que mora en nosotros? Lo que sucede, pues, es que no hemos entrado en el misterio del reino.

Una parábola: El carro de la salvación

Cierta vez un joven llamado Pecador recibió de su padre un bello «carro de la salvación», color rojo brillante. Era completamente nuevo y deleitó el corazón del joven en gran manera, por el hecho de que lo recibió como regalo.

«Yo no hice nada para ganármelo —dijo el joven con viva alegría—. Él simplemente me lo regaló. Claro, yo no podría haber ahorrado suficiente dinero para comprar un carro como este, aunque hubiera trabajado años y años. Fue un obsequio, ¡un regalo verdadero!». En realidad, él estaba tan agradado con su nuevo carro rojo que cambió su propio nombre para parecerse más al vehículo: de Pecador a Salvo.

Salvo pulía su carro todos los días. Le tomaba fotografías y las enviaba a sus amigos y familiares. Lo miraba desde adelante hasta atrás. Aun se arrastraba por debajo del carro para admirar la excelente obra. No se cansaba de decirles a los que pasaban: «Mi padre me lo regaló, ¡lo recibí absolutamente como un obsequio!». Unos días después se vio al joven en la autopista, conduciendo su elegante carro rojo. Un hombre delgado se le acercó, se le presentó como el señor Ayudador y le preguntó si le podía ayudar en algo.

—«Muchas gracias, señor —le contestó el joven, jadeando un poco—. ¡Voy bien! Al principio tuve una pequeña dificultad porque el parachoques pegaba, especialmente en las montañas, y yo sentía que me cortaba las manos. Pero un señor me ayudó, un hombre maravilloso, un especialista en carrocerías. Me indicó cómo se le pueden montar pequeños cojines de goma precisamente aquí debajo del parachoques, ¡y luego uno puede manejar por horas y horas sin siquiera sentir una ampolla en la mano!».

—¡Ah!, sí— respondió el señor Ayudador con un movimiento afirmativo de la cabeza—, comprendo que esos cojines de goma ayudan mucho.

—Y he estado probando —continuó el joven con cierto entusiasmo— algo nuevo que oí que usan en Inglaterra. Uno coloca la espalda contra el carro, dobla las rodillas y luego se levanta hasta un ángulo de cuarenta y cinco grados. Eso obra como un encanto, especialmente en carreteras lodosas.

—Sí —estuvo de acuerdo el señor Ayudador—, comprendo que eso sirve de ayuda. Le da a uno más libertad de actuar con la palanca. ¡Precisamente! Es la acción de la palanca la que hace eso. Y, además, es un buen cambio, algo de relajamiento después de haber estado conduciendo en posición fija hacia adelante.

—¿Ha conducido usted el carro por un largo trayecto? —preguntó el señor Ayudador.

—¡Ah, sí! Más de trescientos kilómetros desde que lo recibí — respondió el joven con orgullo.

—Es un bello auto —admitió el señor Ayudador.

—Fue un regalo —dijo el joven con los ojos iluminados— usted sabe. Mi padre me lo regaló, absolutamente.

El señor Ayudador hizo una señal de asentimiento con la cabeza, sin hablar. Dio una vuelta alrededor del carro, mirando por las ventanillas. Luego de un rato dijo:

—Tiene que ser pesado manejar un carro tan grande como este.

—Sí, es pesado— admitió el joven con un suspiro varonil—. Pero es maravilloso cansarse uno por ese motivo, ¿no es verdad? Es un regalo absolutamente gratuito que me dio mi padre. ¡Lo menos que puedo hacer es conducirlo!

Algo del entusiasmo se le había desvanecido de su voz, pero todavía se las arregló para sonreír. El señor Ayudador abrió la puerta derecha del fulgurante carro rojo y le dijo:

—¿Por qué no entra y se sienta aquí?

El joven se echó para atrás con incertidumbre. Le dio una mirada al carro. Le pareció un poco presuntuoso que una persona entrara en el auto. Él sabía que había otra parte en el interior, pero ciertamente uno no llega a ninguna parte si la usa. No obstante, luego de un momento de vacilación, decidió que tal vez estaría bien deslizarse dentro del carro y sentarse. De todos modos, se había detenido para descansar y no había nada que realmente dependiera de ello. Se deslizó en el asiento y se mantuvo erecto, pues no osaba descansar contra el respaldo.

El señor Ayudador dio la vuelta, abrió la puerta del otro lado y se sentó al volante. Tocó el botón de arranque y, momentos después, se hallaban sobre la autopista a ochenta kilómetros por hora.

El joven estaba bastante asombrado. El paseo le pareció agradable, ¡aun excitante! Pero le pareció algo extraño. Comprendió que tenía que tener un carro rojo de salvación para que lo admitieran en la puerta al final de la autopista. Pero obtenerlo allí, bueno, esa era la responsabilidad de él, ¿no es verdad?

Salvos por fe y santificados por fe

Esta parábola representa el estado de muchos cristianos. Tienen mucha razón en cuanto a la justificación: es un regalo absolutamente gratuito, de pura gracia. Pero todavía están llevando adelante la santificación mediante el esfuerzo propio. Se nos ha enseñado que el Espíritu Santo obra en nosotros; pero nuestra profunda confianza interna todavía está puesta en lo que tenemos que hacer para llegar a ser santos, lo que tenemos que hacer para construir el reino. Estamos conduciendo el carro con nuestros propios esfuerzos. La realidad de que Cristo mora en nosotros solo es un poco más que un concepto mental, otro nombre de la conciencia, que nos dice hacia dónde y cómo tenemos que conducir el carro.

Pero Cristo no mora en nosotros con el objeto de hacer la parte de la conciencia, de estar «a mano» para decirnos qué es lo que debemos hacer. Él mora en nosotros para poder, él mismo, hacer en nosotros y a través de nosotros la buena voluntad del Padre. La santificación no es asunto de hacer la voluntad de Dios mediante nuestro propio esfuerzo, sino que se trata de la vida de Cristo, que mora en nosotros, y que hay que dejarla en libertad para que haga la voluntad de Dios.

¿Cómo se hace eso? Por fe. En Colosenses 2.6, Pablo dice: «Por eso, de la manera que recibieron a Cristo Jesús como Señor, vivan ahora en él». El poder de Dios a favor de nosotros (la expiación que hizo Cristo) solo quedó en libertad cuando confiamos en que él hizo esa expiación por nosotros, cuando tuvimos fe; de igual modo, el poder de Cristo en nosotros solo puede quedar en libertad cuando ejercemos la fe. Tan cierto como somos salvos por la fe, así somos santificados por la fe. Tan ciertamente como la salvación es obra solo de Cristo, así también lo es que la santificación es solo obra de Cristo.

¡Qué regocijo! ¡Qué alivio! Como pecador condenado, usted acudió a Jesús y le dijo: «Señor, confieso que soy pecador y mi absoluta incapacidad para purificarme de la culpa. Lávame en tu sangre y reconcíliame con el Padre». Y así lo hizo, simplemente porque abandonaste la idea de tratar de justificarte a ti mismo y confiaste en que él haría eso por ti. Él te salvó. Y ahora, como hijo de Dios, reconciliado con el Padre por la sangre de Cristo, acudes a Cristo y le dices: «Señor, tú ves cuán débil soy, cuán distinto de ti; cuánto carezco de toda clase de gracia; cuán pronto soy para criticar a otros y cuán lento para reconocer la falta en mí mismo; cuán dispuesto a apoderarme de la gloria; cuán anhelante de buscar mi propio placer. Hazme como tú». Y él lo hace. Tan pronto como abandones el intento de santificarte a ti mismo y confíes en que él hará la obra de santificación en ti, la vida de él queda en libertad. La «esperanza de gloria» llega a ser manifestación.

Las obras: no para Dios, sino para nosotros

Conocer este profundo misterio de nuestra fe —que Cristo, la esperanza del reino de gloria, está en nosotros, esperando el consentimiento de la fe para que su vida pueda ser liberada en nosotros—, es una realidad que coloca todo el asunto de las «buenas obras» en una nueva perspectiva. Hemos estado acostumbrados a pensar que las buenas obras son algo que hacemos para Dios, en gratitud a su don de salvación. Pero ahora reconocemos que toda buena obra es una oportunidad que Dios provee para que la vida de Cristo que mora en nosotros sea aun más manifestada.

Una buena obra no es algo que hacemos para Dios, sino más bien es algo qué Dios ha creado de antemano para nosotros (Efesios 2.11). La buena obra actúa como un catalizador para liberar aun más la vida de Cristo en nosotros, y conformarnos a su imagen. La suprema preocupación con respecto a una buena obra no es lo que hacemos, sino lo que tal obra hace a favor de nosotros. Una buena obra contribuye para el reino solo cuando llega a ser un acontecimiento que libera la vida de Cristo dentro de nosotros. Hasta dónde algún bien puede resultar de la obra para otros es una obra soberana de Dios, por la cual se debe alabarlo aun más.

En nuestra iglesia, una vez construimos una capilla para la oración. Hubo diferentes ideas en cuanto a cómo debía diseñarse y usarse, algunas de las cuales eran bastante opuestas entre sí. En esa sencilla empresa, Dios nos proveyó una oportunidad para que la vida de Cristo fuera revelada en medio de nosotros, para demostrar cómo puede Jesús moldear la unidad de entendimiento y propósito. No construimos un edificio para Dios, sino más bien, él bondadosamente preparó una buena obra para que nosotros la hiciéramos, para que algo de Jesús pudiera manifestarse en nosotros mientras construíamos y usábamos la capilla.

Una buena obra es siempre una oportunidad para que algo de Jesús resplandezca sobre nosotros. No es tanto nuestra respuesta a la gracia de Dios, sino más bien una expresión adicional de su gracia hacia nosotros. Las capillas, los templos y las misiones que construimos algún día pasarán. Y cuando estemos delante del Padre, él no juzgará nuestras «obras»: las capillas, los templos y las misiones que construimos; sino que nos juzgará a nosotros, según nuestras obras, pues nos observará para ver cuánto de Jesús se formó en nosotros a medida que anduvimos en esas buenas obras que él preparó de antemano para nosotros (Efesios 2.10).

Eso significa que no estamos en libertad para escoger al azar las buenas obras y acometerlas sosteniendo en alto el estandarte de las buenas intenciones. Las obras tienen que ser las que Dios preparó de antemano. Él preparó obras que son particularmente adecuadas para nuestra situación, estado de crecimiento y ministerio futuro: obras que en su misma realización ofrecerán un máximo de oportunidades para que la vida de Cristo se manifieste.

Este es el «misterio» escondido durante siglos y generaciones, que ahora es revelado a nosotros, sus santos: Que nosotros podemos dejar de anhelar el reino de Dios, dejar de luchar para ganarlo o construirlo, pues es nuestro. La gloria del reino de Dios se ha concentrado en Cristo, ¡y Cristo está en ti!

• GUÍA DE REFLEXIÓN •

1. De las siguientes palabras o frases, ¿cuáles describen mejor lo que trata este capítulo?

    a. Dar testimonio
    b. La presencia de Cristo en nuestro interior
    c. Vencer la tentación
    d. La autoridad bíblica
    e. La santidad

2. ¿Cuál era el misterio del reino de Dios que no había sido revelado en generaciones anteriores (tiempos del Antiguo Testamento) pero que después de la venida de Jesús fue revelado? (ver Colosenses 1.25-27).

    ____

    ____

    ____

    ____

3. Según este capítulo, ¿de qué manera se malinterpreta a veces este misterio?

    ____

    ____

    ____

    ____

4. ¿Cómo entiendes o defines estas dos palabras?

    a. Justificación
    b. Santificación

5. Explica el significado de la parábola del «Carro de la salvación» respecto de:

   a. la justificación
   b. la santificación

6. ¿Qué entiendes sobre las «buenas obras» a partir de este capítulo? ¿Cuál es el propósito de las buenas obras si no es ganarnos la justificación o la santificación?

   ____

   ____

   ____

   ____

7. ¿Cómo describirías nuestra parte o responsabilidad en el área de la santificación?

   ____

   ____

   ____

   ____

8. Para pensar y de batir: ¿Cómo conocemos o elegimos las «buenas obras» que deberíamos hacer?

   ____

   ____

   ____

   ____

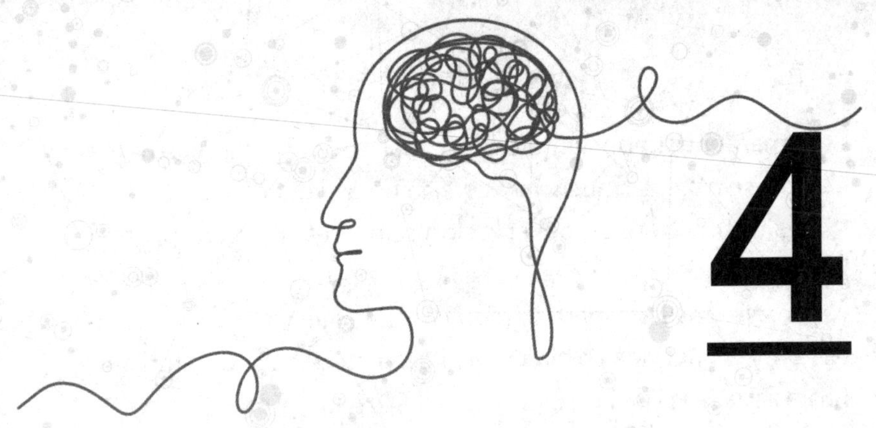

4

Descubre el secreto de la santificación

Imagínate al lector de un libro de diez capítulos que trata sobre el matrimonio, y que dedica nueve capítulos a los detalles de la ceremonia de boda. Luego, en el capítulo final, trata rápidamente asuntos como los siguientes:

1. La manera de ajustarse uno al otro
2. El manejo de los asuntos económicos
3. Cómo criar los hijos
4. Cómo resolver las diferencias
5. Las relaciones con los suegros
6. La planificación para la educación de los hijos
7. La inversión prudente para el tiempo del retiro
8. El movimiento hacia la edad senil

Cualquiera que haya estado casado más de unas pocas semanas sentiría que algo en ese libro está horriblemente desatinado. Aunque es sumamente importante casarse, para poder estar felizmente casado, se necesita mucho más gracia y aprender cómo.

La misma clase de observación se ha hecho con respecto a la vida cristiana. Se necesita el cinco por ciento de energía para llegar a ser cristiano, pero se requiere el noventa y cinco por ciento para llevar la vida cristiana, es decir, para crecer y desarrollarse hasta llegar a la clase de cristiano que Dios quiere que seamos. No obstante, el hincapié en la iglesia, especialmente en la protestante, ha sido algunas veces tan desequilibrado que se acerca a nuestro libro imaginario sobre el matrimonio: gastamos el noventa y cinco por ciento de nuestro tiempo hablando sobré «cómo ser salvos».

A causa de la muerte de Cristo en la cruz, Dios nos perdona nuestro pecado, nos otorga su justicia y nos da vida eterna. La palabra técnica es justificación. Esa es la ceremonia de boda. Nos une con Cristo.

Esa grandiosa y maravillosa verdad (porque en realidad es grande y maravillosa) es la que discutimos y analizamos, predicamos y damos discursos sobre ella por lo menos en nueve capítulos. Luego escribimos un rápido capítulo al fin del cual decimos: «De modo que vamos a vivir una buena vida cristiana para mostrarle a Dios lo agradecidos que estamos por el don de salvación y de la vida eterna...»

Más que gratitud

La gratitud llega a ser la gran motivación de la vida cristiana. Hay verdad en ello. Pero es necesario examinarla; pues pudiera envolvernos en una forma sutil de justicia basada en obras. Si la vida cristiana es un «esfuerzo que nace de la gratitud», como lo ha dicho Kierkegaard, entonces muy fácilmente nos hallamos pagando por nuestra salvación, ¡mediante un sistema de pago a plazos! «Sálvate ahora y paga después». Eres justificado por fe ahora mismo, en el acto. Pero el resto de tu vida lo pasas cortando cupones de gratitud y pagándolos en tu libro de pagos. La única diferencia entre tú y los fariseos es cierta teoría sobre la salvación. Tu vida diaria está muy lejos de estar afectada por esta gran salvación de la que hablas. Estás tan apegado a las buenas obras como la persona que está tratando de acumular suficiente mérito para pagar su derecho a la salvación.

La santificación implica algo más que el esfuerzo que nace de la gratitud. Es una vida que no solo comenzó con fe, sino que continúa en la fe. «Por eso, de la manera que recibieron a Cristo Jesús como Señor, —es decir, por fe—, vivan ahora en él» (Colosenses 2.6). Precisamente, ese fracaso en continuar en la fe es la causa de problemas en el aspecto de la santificación.

> «¿Habiendo comenzado por el Espíritu, ahora vais a acabar por la carne?»
>
> —Gálatas 3.3

Hemos asumido demasiado con respecto a la santificación. «Tan pronto como somos salvos —así se asume— obviamente sabemos cómo vivir una buena vida cristiana». Eso es como suponer que tan pronto como dos personas han intercambiado sus votos conyugales en el altar, obviamente ya saben cómo construir un buen matrimonio. Las estadísticas de los divorcios nos cuentan una historia diferente. Y del mismo modo, el número de cristianos que han hecho una decisión genuina de recibir a Cristo y luego se han apartado, cuentan una historia similar y triste de frustración y de fracaso.

El QUE y el COMO de la santificación

En 1 Tesalonicenses 5.14-22, el apóstol Pablo establece un buen catálogo para la santificación:

1. *Considera* a tus superiores espirituales.
2. *Sé paciente* con aquellos que están bajo tu dirección.
3. *Haz bien a todos*, aunque ellos no lo merezcan.
4. *Alégrate* siempre.
5. *Ora* constantemente.
6. *Da gracias* en cualquier circunstancia.
7. *Anima* al Espíritu.
8. *Promueve* la profecía.
9. *Examina* todas las cosas
10. *Ábstente* del mal.

¡Uf! ¡Difícil es recordar todo eso, para no decir nada de hacerlo!

Este es el enfoque típico de la santificación. Comienza diciéndote qué es lo que implica la vida cristiana: lo que debes hacer y lo que no. El problema se presenta si terminamos aquí este capítulo. Si nos detenemos en el QUE, nunca llegamos a la cuestión realmente decisiva: el COMO. La mayoría de nosotros tenemos alguna idea de lo que la vida cristiana exige de nosotros. Un solo mandamiento: «amarás a tu prójimo como a ti mismo», nos mantendría en movimiento por largo tiempo. Pero la piedra en que tropezamos es en el cómo. ¿Cómo podemos hacer eso?

El apóstol Pablo no termina su capítulo con el que. Continúa hasta revelarnos una de las más grandes verdades de la santificación:

> «Que Dios mismo, el Dios de paz, los santifique por completo, y conserve todo su ser —espíritu, alma y cuerpo— irreprochable para la venida de nuestro Señor Jesucristo. El que los llama es fiel, y así lo hará».
>
> —1 Tesalonicenses 5.23-24

Allí está el secreto de la santificación: «Que Dios mismo, el Dios de paz, los santifique por completo». ¡El que nos llamó a esta vida lo hará!

La santificación no es solo un mandamiento, es una promesa. No es solo una lista de deberes que se nos pone delante; es la promesa de que Dios, por su Espíritu Santo, hará todas estas cosas en nosotros. De modo que no es solo mi voluntad la que está involucrada, sino mi fe, mi confianza.

Al mirar la lista de deberes que el apóstol enumera, vemos que tropezamos ante los proyectos 2, 3, 7 o 10. Pero esta es la promesa: Él los santificará por completo. Él es fiel. Él lo hará. Si nosotros, en nuestra debilidad, estamos dispuestos a ser obedientes, él en su fortaleza está dispuesto a ocuparse en que podamos ser obedientes.

El secreto: Dios es el que obra en ti

Este es el glorioso secreto de la santificación. Implícita en los mandamientos de Dios está la promesa de que él mismo lo hará. La vida cristiana no es solo una lista de bien intencionados ejercicios religiosos. Es una nueva actitud de corazón a tiempo completo. Es, en lenguaje bíblico, una muerte y una resurrección.

Se dice que un día Martín Lutero fue a ver quién tocaba su puerta.

—¿Vive aquí el doctor Martín Lutero? —preguntó el hombre.

—No —contestó Lutero—, él murió. Cristo es el que vive ahora aquí.

¡Qué expectación! ¡Qué sentido de aventura trae eso a la experiencia cristiana de uno! Donde mirabas tus propios talentos, habilidades y recursos, ahora ves la buena obra que Dios ha puesto delante de ti, y cuentas con los ilimitados recursos de Cristo Jesús.

«Señor, yo no tengo nada para llevarle a esta señora que acaba de perder a su esposo, pero sé que tú sí. Señor, sabes el problema que tengo al pensar en mis errores pasados: Me pregunto cómo vas a sacar eso de mí. Señor, comprendemos que has estado produciendo en nosotros una preocupación más profunda hacia los judíos que hay en esta comunidad. Nosotros miramos a ti, esperando que nos abras la puerta del testimonio en el preciso momento y del modo preciso».

Un hombre llevó esta oración un paso más adelante. Así que dijo: «Y si las cosas se ponen agrias, si yo cometo un error, bueno, ese es también problema de él. ¡Yo soy su hijo, su hijo problema, y este asunto de la santificación es negocio de él!».

Realmente nos equivocamos en la vida cristiana. Y cuando erramos, podemos volver nuestro rostro hacia él y decirle: «Aquí estoy Señor, soy tu hijo problema». Este no es el lenguaje de la petulancia, sino el de la confianza, que no da lugar al diablo, sino que confía en el Padre amante, ¡en que él resuelve los problemas de su hijo conflictivo!

Mira otra vez esa lista de mandamientos: Haz bien; alégrate; ora; da gracias; anima; examina; abstente, etc. Solo que ahora no nos parece absolutamente imposible practicarlos. Porque ahora tenemos una nueva noción de como hacerlo. No depende de nosotros, ni de los recursos que podamos enumerar. Depende de Jesús, que nos llama. ¡Él es fiel y lo hará!

Cristo no mora en nosotros con el propósito de decirnos qué es lo que «debemos hacer», con nuestra propia fuerza natural, sino para convertir el oneroso e imposible «tener que» en un glorioso «Así será». Mediante el poder de la vida de él, así será.

Un hombre tenía una relación laboral con una mujer que tenía un arsenal entero de hábitos irritantes. Él luchó con todo su poder de reflexión y fuerza de voluntad para mantener la paciencia, manifestarle aprecio, comprenderla, ser caritativo con ella. Pero lo más que podía mostrar era una tenue cortesía disfrazada. Una mañana, en plena desesperación, él dijo: «Señor, a mí ni siquiera me gusta esa mujer. Si quieres que yo le manifieste aprecio, tendrás que hacerlo por medio de mí». Y desde ese momento en adelante comenzó a fluir en los sentimientos, palabras y acciones del hombre un nuevo poder que tocó la vida de aquella mujer de una manera sumamente notable, hasta el punto en que otras personas comenzaron a preguntarse: «¿Qué se ha apoderado de ella?».

Mientras él estuvo tratando de hacer eso con su propia fuerza y mediante sus propios recursos, falló miserablemente. Cuando sus propios talentos en cuanto a manifestar aprecio y tener paciencia estuvieron dispuestos a morir, la vida que es en Cristo Jesús brotó.

Jesús dijo: «Si el grano de trigo no cae en tierra y muere, se queda solo. Pero si muere, produce mucho fruto» (Juan 12.24). El secreto de una vida cristiana fructífera no consiste en hacer, sino en morir: morir al esfuerzo propio, para que la vida de Cristo que mora en nosotros pueda ser revelada.

Este es el secreto de la santificación, que incluye la gratitud, pero que va más allá de ella. Este secreto hace de la vida cristiana no un deber, sino una aventura. Cada día, puedes levantarte y decir: «Señor, ¿cuáles son tus planes para el día de hoy?». No debes preguntarte: «¿Qué voy a hacer para el Señor?», sino: «¿Qué va a hacer él conmigo?».

Bendito Dios, mi corazón
Moldea de tal manera hoy
Que seas santificado en mí,
Hasta que al cielo llegue a ti,
Y allí te cante con amor:
«¡Santo eres tú, mi buen Señor!».

• GUÍA DE REFLEXIÓN •

1. De las siguientes palabras o frases, ¿cuáles describen mejor el tema de este capítulo?

    a. El «cómo» bíblico de la santificación
    b. El poder de la oración
    c. Cumplir con los parámetros de Dios
    d. El juicio final
    e. Una simple fórmula de tres pasos para la santificación

2. En tu vida, ¿qué equilibrio has visto o vivido entre el énfasis en:

    a. la salvación («ser salvo»)?
    b. llevar la vida cristiana?

3. ¿A qué problema apunta este capítulo si la gratitud es la motivación principal o la única que podemos tener para vivir de manera cristiana?

    ____
    ____
    ____
    ____

4. En una o dos oraciones define el tema de este capítulo con tus propias palabras.

    ____
    ____
    ____
    ____

5. ¿Cómo describirías la parte o responsabilidad que nos toca respecto de la santificación?

____

____

____

____

6. Para pensar y debatir: piensa en lo que tiene que decir este capítulo sobre el fracaso y el éxito para el cristiano en alguna de las áreas comunes de la vida.

____

____

____

____

Segunda parte

La mente renovada se enfrenta a los desafíos con la autoridad de Cristo

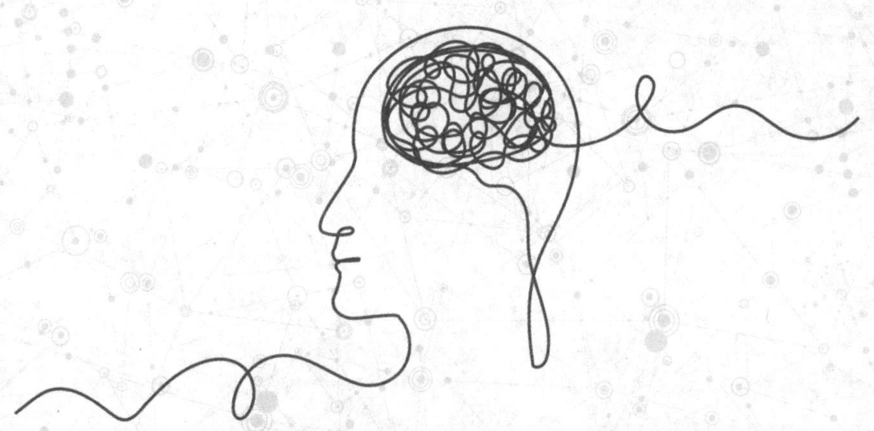

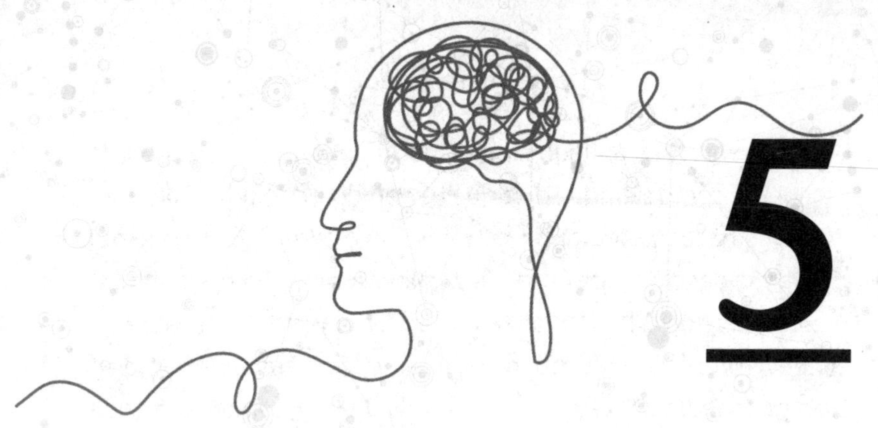

El antiguo propietario

Piensa como si vivieras en un apartamento. Vives allí bajo las órdenes de un propietario que ha hecho que tu vida sea miserable. Te cobra un alquiler exorbitante. Cuando no puedes pagar, te concede un crédito por el cual tienes que pagar un aterrador interés, con lo cual logra que estés más endeudado con él. Entra en el apartamento sin pedir permiso, a cualquier hora del día o de la noche, echa a perder y ensucia todo el lugar, y luego te cobra una cuota extra por no mantener bien el local. Tu vida es, pues, miserable.

Luego viene alguien que te dice: «He comprado este edificio de apartamentos. Puedes vivir en este sin pagar nada, hasta que lo desees. El alquiler ya está pago. Yo voy a vivir aquí en el edificio, en el departamento destinado al administrador del condominio».

¡Qué alegría! ¡Te salvaste! ¡Te has librado de las garras del antiguo propietario!

Pero, ¿qué sucede? Que casi no te queda tiempo para regocijarte en la libertad nueva que acabas de hallar, pues alguien toca en la puerta. ¡Y ahí está el antiguo propietario! Indigno, con mirada ceñuda y exigente como siempre, dice que ha venido a cobrarte el alquiler.

¿Qué haces tú, lector, en este caso? ¿Le pagas? ¡Claro que no! ¿Sales y le das un golpe en la nariz? ¡No, él es más fuerte que tú!

Le dices con toda confianza: «Usted tendrá que entenderse con el nuevo propietario». Él puede rugir, amenazar, tratar de sonsacar algo por medio de halagos y persuadir. Pero le repites con toda serenidad: «Entiéndase con el nuevo propietario». Si él vuelve una docena de veces, con toda clase de amenazas y argumentos, sacudiendo en la cara de usted documentos legales, usted simplemente le dice una vez más: «Entiéndase con el nuevo propietario». Al fin él tiene que hacerlo. Él lo sabe también. Solo que espera poder intimidarte, amenazarte y engañarte para que dudes de que el nuevo propietario es realmente capaz de encargarse de las cosas.

Ahora bien, esta es la situación del cristiano. Tan pronto como Cristo lo ha libertado del poder del pecado y del diablo, él puede confiar en ello: ese antiguo propietario pronto regresará a tocar su puerta. ¿Y cuál es la defensa del creyente? ¿Cómo impide que el antiguo propietario vuelva a levantar la mano del látigo contra él? Pues lo envía a que se entienda con el nuevo Propietario. Lo envía a que se entienda con Jesús.

Un testimonio personal

Cuando eso me sucedió por primera vez, yo estaba cortando el césped. De repente comprendí la implicación de esa sencilla verdad: Si Cristo me ha libertado, ¡entonces soy verdaderamente libre! No tengo que retener todas las impresiones negativas que vienen a tocar a la puerta de mi mente. No tengo que dejar que ese antiguo propietario se meta sin permiso, ni que me sacuda en la cara todas las cuentas. De modo que conscientemente clamé a Cristo y le pedí que me concediera la liberación.

Luego esperé.

Ciertamente, el antiguo propietario estaba allí tocando la puerta. Me vino este pensamiento: «¿Cuándo vas a hallar tiempo para leer y estudiar la Biblia? ¿Cuando comience el programa de otoño en la iglesia? ¡Vas a estar completamente recargado! Comprendí que ese pensamiento no era mío. Era uno que estaba tratando de infiltrarse en mi mente, tratando de que yo lo aceptara para poder asestarme la porra sobre mi cabeza. Era el antiguo propietario, que estaba tratando de que yo le pagara la cuenta de la «preocupación».

—«Usted tiene que entenderse con Jesús» —le dije.

Él comenzó a enumerar unos detalles más. Me indicó lo imposible que iba a ser el programa de otoño. Pero yo le dije otra vez: «Eso puede ser cierto, pero entiéndase usted con Jesús, por favor». Me manifestó repugnancia. Sabía que yo tenía la razón:

> «Depositen en él toda ansiedad, porque él cuida de ustedes».
>
> —1 Pedro 5.7

Él no demoró mucho en volver. Pocos momentos después regresó.

—Mire, yo quiero venir y hablar con usted acerca de esas personas que han estado calumniándolo —dijo con una sonrisa amistosa en su cara. Suavemente trató de manifestar preocupación. Pero yo vi lo que tenía en su espalda: una gruesa cuenta llamada «compasión de mí mismo».

—Entiéndase con Jesús —le dije.

—¡Pudieran causarle reales dificultades! —su voz se puso un poco cortante y vi que en su espalda trataba de esconder otra cuenta. Era la cuenta del «temor».

—Entiéndase con Jesús —le volví a dar la misma respuesta.

Y esa es la manera en que ahora manejo las tentaciones. No vale la fuerza de voluntad, ni la fortaleza de carácter, ni hacer una cantidad de resoluciones. Simplemente: «Entiéndase con Jesús».

El antiguo propietario tuvo que haber venido de nuevo como unas doscientas veces durante esa primera hora mientras estaba cortando el césped. Nunca había comprendido que nuestras mentes pueden convertirse en campo de juego para Satanás. Pero, he aquí el remedio y el poder: ¡no tenemos que dejarlo entrar! Cristo nos libertó, realmente nos dio libertad. Cuando esos pensamientos juegan a tocar la puerta de nuestra mente, tranquilamente podemos enviarlos a que se entiendan con Jesús.

No discutas con ellos. Si así lo haces, les permites poner un pie adentro de la puerta. (Esa fue la dificultad, de Eva: ella se puso a conversar con el tentador.) Antes que la conversación tome su curso, tranquila y confiadamente dile: «Entiéndase con Jesús».

Cuatro consejos prácticos

1. ***No permitas que tus sentimientos te engañen.*** Los sentimientos son algunas de las armas más poderosas del antiguo propietario. Cuando él te pone todas las cuentas antiguas en tu cara, con ello despierta todos los sentimientos antiguos que tenías antes que Cristo te libertara: el temor, la duda, el sentimiento de culpa, la lujuria, la ansiedad, la desesperación. Los antiguos sentimientos aparecerán de inmediato y más fuertes. No les tengas temor. Simplemente, no los sigas. Más bien, con toda tranquilidad, dile a ese pensamiento: «Vaya, entiéndase en todo eso con Jesús». Es probable que se necesite alguna persistencia de parte tuya, pero al fin, el pensamiento se irá. Tiene que irse. Tienes a tu disposición el Nombre del poder.

Cuando Cristo lo liberta a uno, eso es como arrancar una gran mata de hierba completamente. Quedan pequeñas depresiones en la tierra donde antes estaban las raíces. Esas canales no se cubren de una vez. Entonces, ¿qué es lo que hace el enemigo? Lanza un pensamiento a tu mente. Te coloca exactamente en la depresión donde antes estaba la raíz; precisamente donde los recuerdos pueden hacerse surgir fácilmente; allí donde los sentimientos que acompañaban a aquello que se erradicó todavía están descarnados y expuestos. Los recuerdos surgen, los sentimientos se inflaman. Es entonces cuando tu fe en Cristo se enfrenta a una prueba práctica. ¿Estás dispuesto a confiar en la Palabra de Dios y en su promesa, a pesar de tus pensamientos o sentimientos?

Recuerda esta sencilla regla: Los sentimientos siguen a la fe. El antiguo propietario no puede quedarse alrededor permanentemente. Cuando se retire, tus sentimientos se someterán.

2. *No te desanimes por la frecuencia o la repetición de la misma tentación.* La repetición es otra de las armas preferidas del antiguo propietario. Tal vez podamos resistirlo dos, tres, cuatro veces; pero luego nos debilitamos. Él nos convence de que, al fin y al cabo, todavía estamos tan esclavos como siempre. Esa es la manera de abrirle la puerta y dejarlo entrar.

Si el mismo pensamiento regresa cien veces el mismo día, cien veces, con toda tranquilidad y confianza, envíalo a Jesús. ¡Y alégrate! Sí, ¡regocíjate! Porque el antiguo propietario no puede venir a tocar ni una vez más, solo aquellas para las cuales Dios le dé permiso.

Lee el libro de Job y ve lo siguiente: Antes que Satanás se moviera alguna vez contra Job, tuvo que conseguir permiso de Dios para hacerlo. Dios permite que el antiguo propietario se acerque y toque. De ese modo, tu fe se fortalece. Cada vez que envíes al antiguo propietario a que se entienda con Jesús, tu fe en tu Libertador se fortalece. Y si llama a gritos y ruge salvajemente, si regresa cien veces, sí, aunque sean mil veces, ¡regocíjate! Porque con cada enfrentamiento, cada vez que lo envíes a que se entienda con Jesús, te unes más en confianza y fe a tu Libertador.

3. *No pienses que para eso se necesita alguna clase de fuerza de voluntad sobrehumana.* Este sistema íntegro de victoria en Jesús no se basa en fuerza de voluntad de ninguna clase: se basa en la fe; fe en la realidad y autoridad de Jesús.

Consideremos otra vez nuestra ilustración. Supongamos que el antiguo propietario llega a tocar la puerta cuando el padre y la madre de la familia han salido a una tienda. La hija de cinco años de edad se encuentra sola en el hogar. Así que intimida con sus acostumbradas amenazas y exigencias a la pequeña. La niña no tiene en sí misma ninguna fortaleza. Solo tiene cinco años. Pero está preparada. Ella sabe en qué condición están las cosas.

No por fuerza propia que en ella haya, sino por causa de la incontestable autoridad del nuevo Propietario, le dice con calma y confianza: «Usted tendrá que ir a entenderse con el nuevo Propietario». Ahí no hay temor, ni gritos, ni lucha, ni «fuerza de voluntad». Solo simple confianza (la Biblia la llama «fe») en una autoridad incontestable. Eso es lo que tú tienes en Jesús: una autoridad incontestable. «Se me ha dado toda autoridad en el cielo y en la tierra» (Mateo 28.18).

4. *No alargues tu conversación con el antiguo propietario.* En efecto, ¡hazle entender que tienes que hacer otras cosas importantes! Por ejemplo, puedes acudir a Jesús, en un acto de adoración, cántico o alabanza. Esto te guarda contra el peligro de que todo eso se te vuelva simplemente «una nueva ley», una rutina que practicas más o menos con éxito, pero que realmente no edifica tu relación personal con Jesús.

Imaginemos el caso de un hombre que ha tenido el hábito de la codicia lujuriosa. Él no puede sentarse en un restaurante sin echarle una mirada furtiva y lujuriosa a la camarera. Nunca va a un puesto de venta de revistas y libros sin hojear algún libro o alguna revista de aquellos que causan sensación. Aun en sus relaciones con la esposa, hay más lujuria que amor real.

Luego, ese hombre recibe a Cristo como su Salvador personal. Recibe la vida de Cristo y sabe que no puede continuar practicando esas cosas. Pero no comprende lo relativo a esa vida de liberación por medio de Jesús. De modo que solo aplica la ley. Trata de contener esa lujuria de la carne con resolución y fuerza de voluntad. Logra cierta medida de éxito, pero también mucho fracaso. Y en nada de eso se está uniendo a Jesús en amor. En efecto, aun pudiera comenzar a resentirse internamente por la vida dura a la cual lo llama Jesús, y a excusarse por un poco de lujuria.

Pero ahora aprende lo relativo a esta vida de liberación. Ve una revista sensual en el lugar donde se espera el autobús. No tiene que pelear contra esa tentación. No aprieta los dientes y sufre mientras dura la tentación, entretanto se dice: «No voy a dejar que se manifieste la lujuria, no voy a dejar que se manifieste la lujuria, no voy a dejar que se manifieste la lujuria». Cuando se resiste el mal de ese modo, uno se hace más fuerte. «El poder del pecado es la ley» (1 Corintios 15.56). Mientras más invoque él la ley contra su lujuria, más poderosa se hace dentro de él. Él ya ha probado ese método y ha fracasado.

El modo de experimentar la verdadera liberación está en una dirección completamente diferente. El hombre ve la revista obscena. Con tranquilidad reconoce dentro de sí que esa es una situación tentadora. De inmediato, toma su inexpugnable posición en Cristo por medio de un acto de adoración consciente. Aparta los ojos de la fuente inmediata de tentación e internamente comienza a alabar a Jesús. Tal vez se cante un himno para sí mismo. Alaba a su maravilloso Libertador. No con un espíritu de temor, como si temiera que la lujuria en cualquier momento pudiera entrar por su puerta. (¡Él ha enviado a Jesús y, por tanto, tiene que salir!) Es entonces cuando alaba a Jesús con un espíritu gozoso y confiado, sabiendo que Cristo ha ganado la victoria sobre la lujuria, cuya autoridad no puede ser desafiada.

Cuando se sujeta a Jesús, con ese acto consciente de adoración, la tentación se retira. No fue la ley la que lo salvó. Simplemente, él ha rendido todo a Jesús, por medio de un acto de adoración.

Otra cosa que puedes hacer es entrar en un plan preconcebido de intercesión. Una vez un hombre se sintió afligido por pensamientos blasfemos. Luchó contra ellos con todas las fuerzas de su voluntad consciente, pero sin resultado. Luego cambió el enfoque. Hizo la determinación de que cada vez que esos pensamientos blasfemos llegaran a tocar la puerta de su mente, él comenzaría a orar por su primo Henry, que era misionero en China. No pasó mucho tiempo antes que el antiguo propietario dejara de presentarle esa cuenta de blasfemia con el propósito de cobrársela, ¡pues descubrió que lo único que hacía era promover mucha oración a favor de la China!

El dedicarse a algún trabajo de rutina es otro modo de poder escapar de la conversación con el antiguo propietario. Una buena tarea de jardinería, o hacer algunas de las reparaciones que por tanto tiempo han esperado en la casa. Esas actividades han frustrado los planes del antiguo propietario más de una vez.

Es importante comprender que el antiguo propietario puede decirle a uno la «verdad». Algunas de esas cuentas son reales: preocupación, odio, lujuria, pereza, orgullo. Pero ese no es el asunto. Lo importante es que ahora Jesús está manejando el asunto. Las cuentas tienen que cobrárselas a él. ¡Él pagó la deuda y nos libertó!

El principio que respalda este procedimiento

Esta manera de hacerle frente al antiguo propietario se basa en sólidos principios bíblicos:

1. ***«Así el pecado no tendrá dominio sobre ustedes, porque ya no están bajo la ley sino bajo la gracia»*** (Romanos 6.14).

¿Significa esto que nuestra vida espiritual llega a ser ilícita y desordenada? «En ninguna manera», dice San Pablo. Vivir bajo la gracia no significa vivir en contra de la ley. Significa que uno está operando ahora bajo un régimen diferente en la batalla contra el pecado.

Una de las primeras responsabilidades de un gobierno es proteger a sus ciudadanos para que no caigan bajo el dominio de ningún poder extranjero. Cuando vivías bajo el régimen de la ley, y el pecado levantó un asedio de tentación contra ti, comenzaste el contraataque con las armas: «haz esto» y «no hagas esto». Las lanzaste con toda tu fuerza, pero después de un tiempo, llegaste a sentirte débil. El pecado resiste más que tú y logra dominarte.

Cuando Dios te transfiere al régimen de la gracia, ya no dependes de la ley para defenderte contra la arremetida violenta de la tentación. Estás bajo un régimen que tiene armas mucho más sofisticadas. No las armas de la ley, que tienes que esgrimir con tu fuerza y tu determinación, sino las armas de la gracia, que el mismo Cristo pone en operación. Cuando aprendes a invocar el poder de Cristo, el pecado no logrará dominarte.

2. ***«No se amolden al mundo actual, sino sean transformados mediante la renovación de su mente»*** (Romanos 12.2).

La mente que se conforma a este siglo paga un tributo interminable al antiguo propietario. La mente renovada pone su fe, su esperanza, su confianza y amor en Jesús. La mente renovada «lleva cautivo todo pensamiento para que se someta a Cristo» (2 Corintios 10.5).

«Llévalo a Jesús» y «Alabado seas tú, oh Señor» llegan a ser el lema obligado de la vida de uno. Y en esta vida de confianza, somos transformados a la imagen de nuestro Libertador.

De modo que si el antiguo propietario llega y te dice que eres un terrible pecador, dile simplemente: «Entiéndase con Jesús». Si él llega y promueve sentimientos de odio, resentimiento o desesperación dentro de ti, dile otra vez: «Entiéndase con Jesús». Si te susurra que hiciste una obra maravillosa, y comienza a inflar tu ego, dile lo mismo: «Entiéndase con Jesús».

Si se te acerca con el látigo de la ley y te dice: «Tienes que ser más bondadoso. Tienes que ser más paciente. Tienes que ser más honesto». Recuerda que Cristo es también el fin de la ley. Dile, pues: «Entiéndase con Jesús». Cualquier bien que haya de producirse en mí, tendrá que producirse por medio del Espíritu de Dios, no por medio de la ley». Y en cada enfrentamiento, vuélvete a Jesús para alabarlo y adorarlo.

3. ***«Por eso, de la manera que recibieron a Cristo Jesús como Señor, vivan ahora en él»*** (Colosenses 2.6).

La fe que trajo Jesús a tu vida es la fe por la cual vives. Él es completamente suficiente. Es el Alfa y la Omega, el principio y el fin. Despierta en la mañana. Los cuidados del día comienzan a agolparse sobre ti. Envíalos a Jesús. A través del día, te enfrentas a las tentaciones, frustraciones y problemas de la vida diaria. Refiérelos, uno por uno, a Jesús. La vida de guerra interna se transforma en una vida de sosegada permanencia en Cristo. Él es tu Libertador. Es tu segura defensa, momento tras momento.

¿Te preguntas si será posible o no tal vida de fe? ¿Hallas un pequeño rincón de duda en tu mente y dices: «Tal vez para algunos esto puede ser cierto, pero realmente no es para mí»? Envía esa duda a Jesús, ¡y verás el resultado!

• GUÍA DE REFLEXIÓN •

1. De las siguientes palabras o frases, ¿cuáles describen mejor el tema de este capítulo?

    a. Reconciliación
    b. Perdón
    c. Relación entre confesión y arrepentimiento
    d. Guerra espiritual
    e. El campo de batalla de la mente

2. ¿Qué inevitable experiencia de los creyentes en Cristo presenta este capítulo?

    ____
    ____
    ____
    ____

3. ¿A quién representa el personaje del «viejo propietario»?

    ____
    ____
    ____
    ____

4. ¿Dónde se da la batalla con el viejo propietario?

    ____
    ____
    ____
    ____

5. La sección titulada «Un testimonio personal» menciona cuentas que vino a cobrar el viejo propietario. ¿Qué cuentas viene a cobrarte? (preocupación, autocompasión, miedo, otros).

____

____

____

____

6. ¿Qué verdad tiene que entender el creyente para disfrutar de la victoria sobre Satanás?

____

____

____

____

7. En una sola oración, describe la estrategia básica que presenta este capítulo para lidiar con el viejo propietario.

____

____

____

____

8. Los cuatro «consejos prácticos» para lidiar con el viejo propietario se centran en cuatro palabras. Resume cada uno de los consejos en una oración usando una de las siguientes palabras para cada resumen: sentimientos, frecuencia, fe, breve. ¿Cuáles de estos consejos te resultan más útiles en tu propia situación o experiencia?

____

____

____

____

9. Para pensar y debatir: los tres versículos de la Biblia que se mencionan en la conclusión del capítulo podrían verse como armas o estrategias de la guerra espiritual. Describe situaciones o escenarios cotidianos, en los que cada una podría ser importante:

    a. Romanos 6.14
    b. Romanos 12.2
    c. Colosenses 2.6

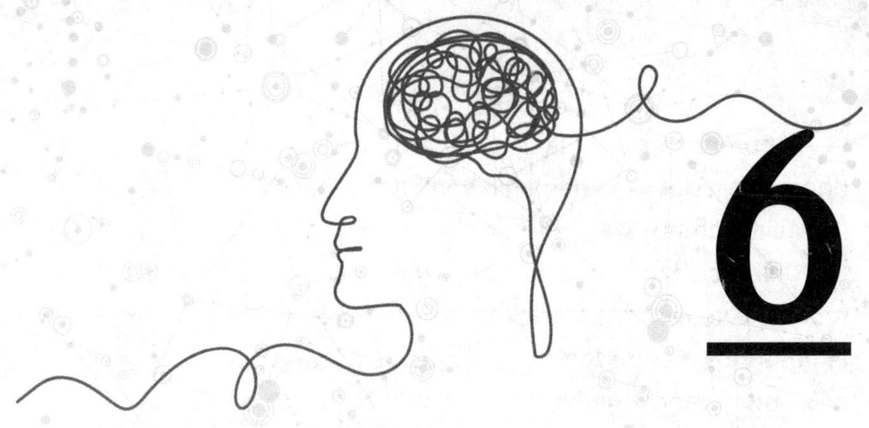

Perdón unilateral

Hasta donde las Escrituras nos informan, nadie acudió a Jesús para pedirle perdón. Se habla mucho acerca del perdón y, sin embargo, Jesús, la misma fuente del perdón, nunca tuvo la experiencia de que alguien se le acercara para decirle: «Señor, perdóname». No obstante, perdonó a la gente. Los perdonó de un modo especial: unilateralmente.

«Unilateral» significa de un solo lado. El perdón unilateral es el que fluye del que perdona. La otra persona no pide el perdón, tal vez ni siquiera se da cuenta de que lo necesita. El que perdona es el que toma la iniciativa y perdona sin esperar que la otra persona acuda a él en busca del perdón.

Cuatro hombres llevaron a su amigo paralítico ante Jesús. Este miró al paralítico y, antes que dijeran siquiera una palabra, le dijo:

> «¡Ánimo, hijo; tus pecados quedan perdonados!»
>
> —Mateo 9.2

El hombre no le había pedido perdón. El perdón salió del Perdonador sin que se lo hubieran pedido. Jesús perdonó unilateralmente al hombre.

Una vez, Jesús estaba visitando la casa de Simón, el fariseo. Una mujer que tenía reputación de pecadora entró allí. Ella lavó con sus lágrimas los pies de Jesús y los enjugó con sus cabellos. Jesús le dijo: «Tus pecados quedan perdonados … vete en paz» (Lucas 7.48, 50). Ella no pidió perdón. El perdón salió unilateralmente de Jesús.

El ejemplo más impresionante de todos ocurrió cuando Jesús estaba colgado en la cruz. «Padre, perdónalos, porque no saben lo que hacen». Aquellos soldados romanos no le imploraron: «Jesús de Nazaret, perdónanos. Sabemos que eres un Hombre justo y bueno, pero tenemos que cumplir nuestro deber, hemos recibido órdenes». Sin embargo, el perdón les fue dado por Jesús unilateralmente.

Jesús le dio ese poder a la iglesia

Después de la resurrección, Jesús se acercó a sus discípulos y les dijo: «Como el Padre me envió a mí, así yo los envío a ustedes. Acto seguido, sopló sobre ellos y les dijo: Reciban el Espíritu Santo. A quienes les perdonen sus pecados, les serán perdonados; a quienes no se los perdonen, no les serán perdonados» (Juan 20.21-23). La iniciativa está, pues, en poder de los discípulos. Es un perdón unilateral. Es el poder más grande que Jesús le dejó a su iglesia. Él quería que esa fuera una práctica de ahí en adelante. Cuando la iglesia ha practicado esta lección, ha sido inconquistable. Cuando no la ha practicado, se ha dividido y ha salido derrotada; se ha vuelto, pues, un espectáculo para vergüenza delante de los hombres y de los ángeles.

Todos estamos familiarizados con el enfoque profético del pecado: El profeta señala pecados específicos y llama al pueblo al arrepentimiento. Eso fue lo que hizo el profeta Natán cuando se presentó ante David, luego que este había cometido el pecado con Betsabé. El profeta le dijo: «Tú eres aquel hombre». David se arrepintió, lo cual se nos narra en el Salmo 51: «Contra ti, contra ti solo he pecado, y he hecho lo malo delante de tus ojos».

El enfoque profético del pecado nos llega a cada uno de nosotros en ciertos tiempos de nuestras vidas. Puede llegarnos por medio de la Biblia, de algún sermón, de alguna lectura, de algún programa cristiano radial o por una palabra bien escogida de algún amigo. Eres llamado al arrepentimiento mediante una palabra de Dios que señala un pecado específico en tu vida.

Pero hay otro modo: este modo de perdón unilateral, el cual procede del que perdona. El pecado no es solo algo que nos hace culpables, sino que también se manifiesta como un poder. Hay personas tan atadas por el poder del pecado que literalmente no pueden posesionarse del perdón. Esa es la razón por la cual es esencial en la iglesia el perdón unilateral.

Karl Barth, el teólogo suizo, dijo que el pecado nunca arde realmente en la conciencia hasta que se coloca bajo la caliente luz blanca del perdón. Tenemos la tendencia a pensar solo según cierto patrón: convicción, arrepentimiento, perdón. Pero también puede haber otro modo: perdón unilateral, arrepentimiento, purificación.

Pablo nos dice en Efesios:

> «Abandonen toda amargura, ira y enojo, gritos y calumnias, y toda forma de malicia. Más bien, sean bondadosos y compasivos unos con otros, y perdónense mutuamente, así como Dios los perdonó a ustedes en Cristo».
>
> —Efesios 4.31, 32

¿Y cómo nos perdonó Dios en Cristo? «Dios demuestra su amor por nosotros en esto: en que cuando todavía éramos pecadores, Cristo murió por nosotros» (Romanos 5.8). El acto del perdón precede al del arrepentimiento. El amor y el perdón de Dios son la luz que irrumpe en nuestras tinieblas y nos hace comprender nuestra necesidad.

Hay un bello símbolo de esto en el Antiguo Testamento. El día de la expiación, dos machos cabríos eran llevados ante el sumo sacerdote. Uno de ellos era para el sacrificio. Era sacrificado y su sangre era rociada sobre el altar en expiación por el pecado. Luego, después del perdón, el sumo sacerdote ponía su mano sobre el otro macho cabrío, el de Azazel. Confesaba todos los pecados de Israel sobre la cabeza del macho cabrío de Azazel. El animal era llevado luego al desierto, llevando consigo todos los pecados que ya habían sido perdonados. La confesión tenía el efecto de «llevarse los pecados». Y la confesión venía después del perdón.

Cuando la iglesia ha practicado el perdón unilateral entre sus miembros, y hacia aquellos que pudieran perseguirla desde afuera, ha sido inconquistable. Esa victoria por medio del perdón unilateral la experimentó Corrie ten Boom, que había sido llevada a un campo de concentración por los alemanes. Diez años después de su prueba en la prisión, se encontró cara a cara con la mujer que había sido enfermera en el hospital militar donde ella y su hermana Betsie estuvieron prisioneras. Cuando Betsie estaba agonizante, en medio de su desvalimiento, esa enfermera se había manifestado cruel con ella. Corrie ten Boom dice: «En el momento en que la reconocí, el odio entró en mi corazón. Yo pensé que ya lo había vencido, pero ahora la veía a ella otra vez, después de tantos años, y una gran amargura se aposentó en mi corazón. Avergonzada, confesé mi falta: Perdóname, oh Señor, por este odio. Enséñame a amar a mis enemigos».

Ella continúa diciendo que oró por esa enemiga. Finalmente la llamó y la invitó a un culto. Ella concluye: «Todo el tiempo de la reunión esa noche, ella escuchó y me miraba directamente. Yo comprendí que estaba escuchando de todo corazón. Después del culto, le indiqué con la Biblia el camino de la salvación. Con 1 Juan 4.9

remaché el asunto: Así manifestó Dios su amor entre nosotros: en que envió a su Hijo unigénito al mundo para que vivamos por medio de él. Ella hizo la decisión que hace que los ángeles se regocijen. No solo se había esfumado el odio que yo sentía, sino que pude brillar en el oscuro corazón de ella: pude ser el canal del Señor, para que por él pasaran ríos de agua viva…».

El mundo no puede destruir a la iglesia. El poder del infierno no puede prevalecer contra ella. Lo único que puede quebrantar a la iglesia es la propia indisposición de ella a vivir conforme a las normas del perdón. Ella tiene que ejercer el poder que Cristo mismo mostró.

En el primer martirio, Esteban reaccionó con un perdón unilateral:

> «Veo el cielo abierto —exclamó—, y al Hijo del hombre de pie a la derecha de Dios … ¡Señor, no les tomes en cuenta este pecado!».
>
> —Hechos 7.56, 60

En Hebreos se nos dice que Jesús:

> «se sentó a la derecha de la Majestad en las alturas».
>
> —Hebreos 1.3

Pero cuando Esteban lo vio, estaba de pie. David du Plessis dice: «Jesús estaba de pie para honrar a Esteban y su perdón unilateral».

Presentémonos al Señor, de pie, mirando por la baranda del cielo, y diciendo: «¿Quién es este a quien mi siervo está perdonando? Yo tengo que ir hacia ese hombre». Sí, eso fue precisamente lo que él hizo: ir hacia ese hombre: hacia el cabecilla de la banda, Saulo de Tarso. Fue a encontrarse con él en el camino a Damasco. Se encontró con él por cuanto Esteban lo había perdonado unilateralmente, y así le abrió la puerta para que se encontrara con Jesús.

¡Y qué encuentro fue ese! ¡Qué bendiciones las que resultaron de ese encuentro! Esa es la clase de poder que Jesús dio a su iglesia.

El perdón unilateral, la clave para nuestro propio perdón

Nuestro propio perdón depende de nuestra voluntad para perdonar a otros: «Perdonen, y se les perdonará» (Lucas 6.37). Cuando perdonas, Dios puede perdonarte:

> «Y cuando estén orando, si tienen algo contra alguien, perdónenlo, para que también su Padre que está en el cielo les perdone a ustedes sus pecados».
>
> —Marcos 11.25

Si no perdonamos unilateralmente a aquellos contra los cuales tengamos cualquier cosa, las manos de Dios quedan atadas. Él no puede perdonarnos.

No es natural perdonar a personas que están equivocadas, perdonarlas unilateralmente. La respuesta del hombre natural consiste en demandar justicia. Ah, claro, si ellos acuden a nosotros y se arrepienten, los perdonamos. ¡Sí, entonces seremos generosos! Pero perdonar unilateralmente, como lo hizo Jesús, cuando los ofensores ni siquiera pensaban que necesitaban el perdón, eso nos incomoda.

Mary Welch, con su agudo discernimiento de la experiencia cristiana en cuanto al amor y el perdón, escribe en su obra *The Golden Key* [La llave de oro], con respecto a una mujer que había sido difamada y calumniada por ciertas personas de la iglesia que tenían gran influencia en la comunidad. «El bien que ella había hecho lo llamaron mal. Durante siete años, ella no pudo orar ni leer la Biblia. Ella odiaba a toda la comunidad por lo que le habían hecho. Finalmente, se dedicó a beber».

En todo ese tiempo, la mujer estaba dispuesta a perdonar. «Pero —continúa la señorita Welch— cometió un grave error en un punto. Ella pensó que el perdón tenía que esperar hasta que se confesara el pecado y se presentaran las excusas por parte de los ofensores. De modo que había esperado, sufrido y odiado: anhelando que por lo menos un ser humano acudiera a confesar que la había comprendido e interpretado mal a ella. Eso lo esperaba para poder perdonar y deshacerse de la onerosa carga de resentimiento y odio. Pero nadie se le presentó …».

Finalmente, con fe y obediencia al consejo cristiano, esa mujer dibujó un mapa del pueblo; en la imaginación fue a todas partes de él, quitando el juicio y enviando bendición, dándole gracias a Dios por todo lo que cada persona hubiera hecho alguna vez contra ella.

«Ella halló libertad al darla a aquellos a quienes ella había atado. Halló vida al dar lugar para que Dios obrara en cada persona que ella mantenía encarcelada en su juicio, por cuanto habían sido tan malvados que habían hablado mal de ella. Ella nunca ha tenido que decirle ni a uno solo que ella los perdonó, así que nadie se ha sentido avergonzado. Pero toda la comunidad la aprecia y se da completamente a ella».

No seas el juez. Dios no nos ha puesto por jueces de otros, nos ha puesto a perdonarnos unos a otros.

> «Pero si siguen mordiéndose y devorándose, tengan cuidado, no sea que acaben por destruirse unos a otros»
>
> —Gálatas 5.15

En la historia de la iglesia, si echas una mirada a cada dificultad o división, en la raíz del problema hallarás una falta de disposición a perdonar unilateralmente. Por otra parte, cuando halles fortaleza y poder en la iglesia, encontrarás gente que aprendió ese sencillo secreto del perdón que no depende de lo que la otra persona diga o haga, sino que es unilateral, que fluye del amor de Cristo.

Alguno pudiera temer que este procedimiento obstruya la responsabilidad personal. Lo que realmente hace es abrir la puerta para que Dios realmente trate con la persona. No podemos decir si la persona recibe el perdón: si lo acepta, si lo vive, si se mueve de acuerdo con él. Nuestra parte es perdonar, libremente, y sin esperar que se nos pida el perdón.

Piensa en alguna persona que alguna vez se levantó contra ti. No pienses en si merece el perdón o no. Solo piensa en ti mismo como uno que proyecta el perdón, como un reflector que irradia el poder del perdón. Aquella persona a la cual perdonas en el nombre de Jesús y por autoridad de él, será perdonada. El poder de ese pecado sobre la vida de las personas que perdonas será quebrantado, por cuanto has dado un paso de fe y has actuado como perdonador, en vez de actuar como juez; como uno que bendice, en vez de actuar como uno que maldice.

Esto no significa que las personas no deben ser juzgadas, sino que el juicio le corresponde a Dios, no a nosotros.

Dios no nos ha hecho jueces, nos ha hecho perdonadores. Él puso en nuestras manos algo más poderoso que la fisión nuclear: el poder del perdón unilateral. La puesta en práctica de ese poder hace cambios que perdurarán por toda la eternidad.

• GUÍA DE REFLEXIÓN •

1. De las siguientes palabras o frases, ¿cuáles describen mejor el tema de este capítulo?

    a. Obtener una imagen propia positiva
    b. Amor incondicional
    c. Lograr que la gente se arrepienta
    d. Perdonar sin que se te pida
    e. Hablar la verdad en amor

2. Define con tus propias palabras el «perdón unilateral».

    ____
    ____
    ____
    ____

3. ¿Qué es lo que normalmente relacionamos con el perdón y que parece faltar cuando hablamos del perdón unilateral?

    ____
    ____
    ____
    ____

4. Establece la diferencia entre la aproximación «profética» al perdón y la aproximación «unilateral».

    ____
    ____
    ____
    ____

5. El perdón unilateral reconoce no solo la culpa del pecado sino también _______________ del pecado. (¿Qué ejemplo o símbolo de esto encontramos en el Antiguo Testamento?).

____

____

____

6. ¿Qué tipo de situaciones cotidianas se te ocurren en las que podría aplicarse el perdón unilateral?

____

____

____

____

7. ¿Puedes pensar en situaciones en las que el perdón unilateral no sería útil o bueno?

____

____

____

____

8. Para pensar y debatir: ¿Cómo responderías ante este tipo de objeciones al perdón unilateral? El pecado tiene consecuencias. El perdón unilateral simplemente alienta a la conducta irresponsable. (El ejemplo de Jesús, ¿echa luz sobre la naturaleza del arrepentimiento y el perdón?)

____

____

____

____

Tercera parte

La mente renovada es paciente

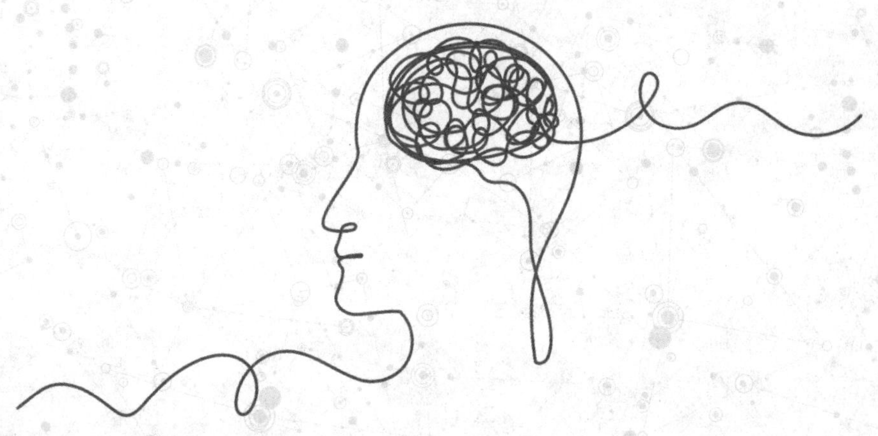

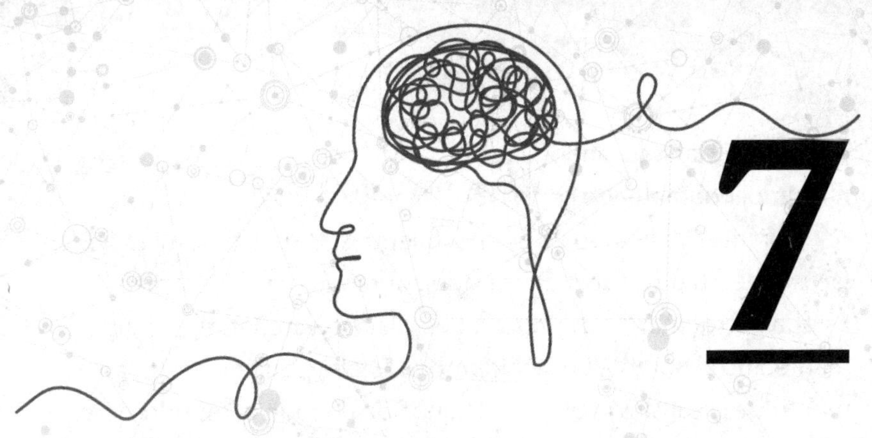

Las breves esperas de la vida

«Dentro de poco ya no me verán;
pero un poco después volverán a verme».
JUAN 16.16

Los discípulos se preguntaron: «¿Qué quiere decir con eso de que "dentro de poco ya no me verán", y "un poco después volverán a verme"?». Después que Jesús fue crucificado, ellos se sumergieron en el temor y la desesperación. Se metieron en la casa y trancaron las puertas por temor a que el mismo destino que le había sobrevenido a Jesús se levantara ahora y los golpeara a ellos que habían sido seguidores suyos. En medio del temor y la desesperación, habían olvidado la profecía que Jesús les había dado: Al tercer día, resucitaría. En medio del dolor se les había olvidado que, un poco después, lo volverían a ver. A pesar de la ansiedad y de la desesperación de ellos, Dios estaba obrando. Él tenía un plan y un propósito que quería cumplir durante ese corto lapso mientras ellos lo volvían a ver.

Durante ese tiempo de espera, mientras Jesús estaba fuera de la vista de los discípulos, Dios estaba obrando maravillosamente. Estaba derrotando a los principados y las potestades que habían mantenido al hombre en servidumbre. Estaba poniendo el fundamento de la salvación que sería conocida en todo el mundo. Fue un tiempo de espera, de tristeza, pero Dios estaba obrando.

Dios tenía también un segundo propósito para los discípulos durante ese tiempo de espera. Consistía en llevar a cabo algo en las vidas de ellos. Él quería que, durante ese tiempo, estuvieran asidos de la promesa de que lo volverían a ver, y que vivieran con esa fe, aunque no lo estuvieran viendo. Así que había un doble propósito: Dios estaba realizando un plan en su propia esfera de actividad y también estaba permitiendo que crecieran la fe y la confianza de los discípulos.

Todo cristiano ha de experimentar breves esperas en su vida, tiempos durante los cuales parece como si Dios se hubiera ido y tenemos que depender de la fe hasta que él regrese. Lo que resulta de esos breves tiempos de espera depende de cómo entramos en ellos: bien sentimos el significado y el propósito de ellos, o simplemente sufrimos a través de ellos.

Jesús establece la meta para ese tiempo de espera cuando dice: «se gozará vuestro corazón, y nadie os quitará vuestro gozo». El propósito que Dios tiene en esos breves tiempos de espera es guiarte a esa clase de gozo.

La consigna para superar este tiempo de espera es simplemente esta: «Dios está obrando». No hay otra promesa, no hay otra realidad que pueda mantener a flote tu corazón con confianza como el conocimiento de que Dios está obrando. La tendencia de nuestros corazones y mentes durante el tiempo de espera es pensar que Dios ha desaparecido por completo del escenario de nuestra vida. Pero la Biblia nos asegura que está obrando.

Entonces, ¿qué es lo necesario para poder sobrevivir a través de esos tiempos de espera? Ante todo, necesitamos el conocimiento. Tenemos que saber que Dios tiene un plan, y que está llevando a cabo algo; no estamos atravesando por un tiempo que no tiene significado. En segundo lugar, tenemos que confiar. Tenemos que asirnos de ese conocimiento y confiar en la Palabra de Dios. Y, en tercer lugar, tenemos que ejercer la persistencia en depender de la Palabra de Dios.

El conocimiento de la Palabra de Dios

A los discípulos de Jesús se les había dado conocimiento, pero ellos realmente no se habían asido de él. Su fe se basaba primariamente en su experiencia directa con Jesús. Aunque tal experiencia era maravillosa, no era suficiente para sostenerlos en ese tiempo de espera. Ellos necesitaban conocimiento específico de la Palabra de Dios. Eso lo vemos en los dos discípulos que viajaban por el camino de Emaús en la tarde del día de resurrección. Jesús se unió de repente a ellos en el camino, y les preguntó: «¿Por qué están tristes?». Ellos dijeron que porque Jesús había sido crucificado y «nosotros esperábamos que él era el que había de redimir a Israel». Jesús comenzó a presentar ante ellos las Escrituras y a mostrarles, por medio de la Palabra de Dios, que era necesario como parte del programa de Dios, que el Mesías sufriera, y por medio del sufrimiento entrara en su gloria. A medida que les declaraba esa Palabra, y ellos adquirían ese conocimiento, sus corazones ardían extrañamente dentro de ellos. Ellos, pues, necesitaban el específico conocimiento del plan de Dios.

En un tiempo de sufrimiento y prueba, no puedes vivir con el recuerdo de una experiencia, aunque haya sido maravillosa. Tienes que tener un conocimiento específico y concreto del plan de Dios, de sus promesas y de su propósito.

Un misionero que fue a anunciar el evangelio en Paquistán dijo: «La vida allí es bastante primitiva; para un occidental, simplemente desde el punto de vista de la salud, es difícil vivir en ese clima». Afirmó que si no hubiera estado convencido de que Dios lo había enviado allí, no hubiera podido permanecer. Eso es lo que hace que la dificultad sea soportable: saber sin ninguna clase de duda, que Dios lo ha colocado a uno allí, y que está cumpliendo un plan.

La Escritura dice que la Palabra de Dios es como una semilla. La simiente siempre tiene un período de crecimiento. Precisamente durante ese período de crecimiento es cuando tienes que sentarte y esperar, para que aquello que Dios ha prometido y planeado para ti pueda llegar a completa madurez. Porque él quiere que tengas un gozo que nadie pueda quitarte.

Pensemos en los discípulos de Jesús: Ellos tuvieron una maravillosa comunión con Jesús. Pero este tuvo que levantar su visión de esa inmediata amistad a la comunión eterna que quería que ellos disfrutaran, comunión que no puede quebrantarse jamás a través de toda la eternidad. Por eso vino ese pequeño tiempo de espera a sus vidas, durante el cual se ajustaron a la visión que Dios tenía para lo futuro. Dolorosamente, ellos tuvieron que abrirse camino agarrados vagamente de una visión que estaba enfocada solo en el tiempo presente.

Dios tiene que hacer eso con nosotros. Él puede utilizar muchos breves tiempos de espera para romper nuestra dependencia de una visión menguada, para despegarnos de los tentáculos del presente de tal modo que ya no puedan atarnos.

Dios también utiliza esos breves tiempos de espera para cambiar nuestro enfoque que está puesto en nuestros recursos, de modo que lo pongamos en los suyos: de lo que nosotros somos capaces de hacer a lo que él es capaz de hacer y está esperando hacer. En estos tiempos de espera, Dios frustra nuestros propios esfuerzos hasta el punto en que finalmente lo veamos a él. Él permite que lleguemos hasta el borde de la postración a fin de mostrarnos sus ilimitados recursos.

Algún día en la eternidad echaremos una mirada retrospectiva a todo el período de la historia humana y será como una guiñada. Pablo dice, en 2 Corintios 4.17, que las leves aflicciones del tiempo presente nos preparan un «eterno peso de gloria». Eso es lo que está ocurriendo en esos períodos de espera en nuestras vidas: se nos está preparando un eterno peso de gloria que no tiene comparación. Somos peregrinos en esta tierra. Estamos viviendo en un período de prueba durante el cual Dios nos está preparando para cosas más grandes.

Si tienes esta certidumbre en tu mente, y la crees, puedes llevar una vida completamente diferente. Te moverás más allá del punto en que te preguntas si hoy o mañana te dará Dios esta o aquella bendición. Ya no vivirás de experiencia en experiencia. Comprenderás que hay un plan más profundo, el cual incluye la dificultad de estos breves períodos de espera en nuestras vidas.

Cuando se presenta una breve espera, eso no significa que estés fuera de contacto con Dios, que él ha perdido todo conocimiento de la existencia de usted. Dios se preocupa por ti. Está obrando, «pero los que confían en el Señor renovarán sus fuerzas; volarán como las águilas: correrán y no se fatigarán, caminarán y no se cansarán» (Isaías 40.31). Necesitamos esa clase de conocimiento. Debemos saber que estas breves esperas son parte específica del plan de Dios para su iglesia, y parte específica de su plan para nuestra vida.

La confianza en la Palabra de Dios

Cuando tengas este conocimiento específico, tienes que asirse de él y confiar en él. Tienes que someterte al plan de Dios.

Eso fue lo que exactamente hizo Jesús cuando estuvo delante de Pilato: «como oveja delante de sus trasquiladores, enmudeció, y no abrió su boca». Jesús no dijo nada en defensa propia. Se sometió a la humillación de la crucifixión por cuanto sabía. Él tenía conocimiento específico y concreto, por medio de la Escritura, de que esa era parte del plan de Dios. Confió en la Palabra de Dios, aun en medio del dolor y de la humillación.

¡Pensemos en eso! El Señor de la creación fue crucificado por sus propias criaturas. El Inmaculado tomó sobre sí todos los pecados que en todos los tiempos hayan cometido y cometan todos los hombres, mujeres y niñas. Pero sabía que eso era parte del plan de Dios; de modo que pudo soportarlo en silencio. Él pudo sobrevivir a través de ese breve tiempo de espera, cuando parecía que Dios lo había abandonado, tal como clamó desde la cruz: «Dios mío, Dios mío, ¿por qué me has desamparado?»

El libro de Apocalipsis nos ofrece un cuadro de lo que sucedió a través de ese plan aparentemente necio de llevar a un Cordero al sacrificio. Cuando el rollo que anuncia los acontecimientos de los últimos tiempos está para abrirse, se busca a alguno que lo abra, pero no se halla a ninguno que sea digno. Juan llora por el hecho de que no se halla ninguno digno de abrirlo. Mientras él llora, alguien se le acerca, le toca el hombro y le dice:

> «No llores. He aquí que el León de la tribu de Judá, la raíz de David, ha vencido para abrir el libro y desatar sus siete sellos»
>
> —Apocalipsis 5.5

Ese es Cristo, ¡el Mesías! Juan levanta los ojos. ¿Y ve un león? No, ve a uno como un Cordero, que había sido inmolado, pero que ahora está vivo. Y súbitamente, comprende: «¡El León es el Cordero!». El soberano poder de Dios estaba obrando en la debilidad de aquel que estaba siendo crucificado.

Jesús confió en la Palabra de Dios durante esa breve espera y, por medio de esa confianza, Dios trajo vida a esta tierra.

Persistencia dependiendo de la Palabra de Dios

Debes tener conocimiento para vivir a través de esas breves esperas de la vida en que Dios está llevando a cabo su plan para nuestra vida. Tienes que confiar en su Palabra. Y luego, tienes que perseverar.

El libro de Apocalipsis también nos habla sobre algunas de las terribles calamidades que vendrán sobre esta tierra. Así dice:

> «Aquí está la paciencia y la fe de los santos».
>
> —Apocalipsis 13.10

Este es un tiempo en el cual hay que asirse de la Palabra de Dios, aunque la marcha de las cosas se torne ruda.

Cuando parece que Dios está distante, o que nada está sucediendo, es peligrosamente fácil apartarse uno de la Palabra de Dios, caer en el pecado de la desesperación.

José fue vendido por sus hermanos en condición de esclavo y fue llevado a Egipto. Cuan fácil le hubiera sido decir: «Nadie se preocupa por mí. Yo también pudiera vivir a la manera del mundo, de la mejor manera que pueda». Pero cuando la esposa de su señor lo tentó a que pecaran los dos, él se negó a ello. Esa era una breve espera en la vida de José, tiempo en que Dios parecía estar distante. Sin embargo, persistió en la creencia de que su vida estaba todavía bajo la mano de Dios.

Cuando tu vida espiritual está en un nivel bajo, hay la gran tentación de caer en el pecado. Pero experimentarás un crecimiento espiritual diez veces mayor si te adhieres al Señor en tiempos de profunda oscuridad, que el que experimenta cuando simplemente andas con el Señor en tiempo fácil. A cualquier le puede suceder eso. «Mas si haciendo lo bueno sufrís, y lo soportáis, esto ciertamente es aprobado delante de Dios» (1 Pedro 2.20). En esas breves esperas,

Dios confía que vivamos en armonía con su voluntad, aunque no tengamos el buen sentimiento que haga fácil la espera.

Es fácil, durante un tiempo de espera, caer en la desesperación, sentir que Dios no se preocupa por uno. «¿Por qué tengo que ir hoy a la iglesia? ¿Por qué tengo que continuar con mis oraciones privadas? ¿Por qué tengo que continuar en mi vocación? Parece que Dios ya no se preocupa por mí…». Es muy fácil mirar hacia el mundo y decir: «Mire a ese individuo que está al otro lado de la calle. Él nunca le da a Dios tiempo y no parece estar ni siquiera cercano a las dificultades que yo tengo». Esas cosas se han dicho desde que en el mundo hay gente que cree en Dios: «El injusto florece y el justo es pisoteado». Es fácil dar lugar a la desesperación y sentir que no vale la pena: Dios no me oye.

Hubiera sido fácil para José pensar de ese modo cuando fue puesto en la cárcel. Pero aun allí, permaneció fiel a Dios. Hizo un pequeño servicio: ayudó a unos compañeros de prisión y Dios usó ese pequeño servicio para sacarlo de prisión y elevarlo a una posición de gran autoridad. Todo eso era parte del plan de Dios para la liberación del pueblo de Israel. En esa pequeña espera en la vida de José, en ese tiempo en que parecía que Dios lo había abandonado, cuando los propios hermanos de él lo habían desechado, Dios estaba obrando. Ellos tuvieron la intención de hacer mal, pero Dios tenía la de hacer un enorme bien.

No es fácil soportar las breves esperas en nuestras vidas. Esos no son días de los cuales les hablas normalmente a las personas, como aquellos días en que sientes que Dios está cerca y es real. Pero son días cuando Dios está haciendo una obra maravillosa en tu corazón y en tu vida. Son días en que Dios está llevando a cabo un plan que te incluye a ti y a todos aquellos con los cuales tienes contacto. Son días cuando te animas a poner sobre tu vida este estandarte: «Anda con cuidado. ¡Dios está obrando!».

• GUÍA DE REFLEXIÓN •

1. De las siguientes palabras o frases, ¿cuáles describen mejor el tema de este capítulo?

    a. Lectura diaria de la Biblia
    b. Parámetro de perfección de Dios
    c. La tribulación obra paciencia
    d. Cómo enfrentar los tiempos de espera
    e. Poner a prueba los espíritus

2. ¿Qué información o conocimiento básico te hace falta cuando te encuentras en tiempos de espera?

    ____
    ____
    ____
    ____

3. Define el mensaje de este capítulo en una o dos oraciones.

    ____
    ____
    ____
    ____

4. Describe una situación en la que tú o alguien que conozcas hayan vivido la enseñanza básica de este capítulo.

    ____
    ____
    ____
    ____

5. ¿De qué manera describirías nuestra parte o responsabilidad durante el tiempo de espera?

___

___

___

___

6. Para pensar y debatir: alguien que conoces está pasando por un difícil tiempo de espera y el camino por delante parece incierto. Contrasta el consejo que recibiría de:

   a. El mensaje de este capítulo
   b. el axioma: «Mantente fuerte y no sucumbas».

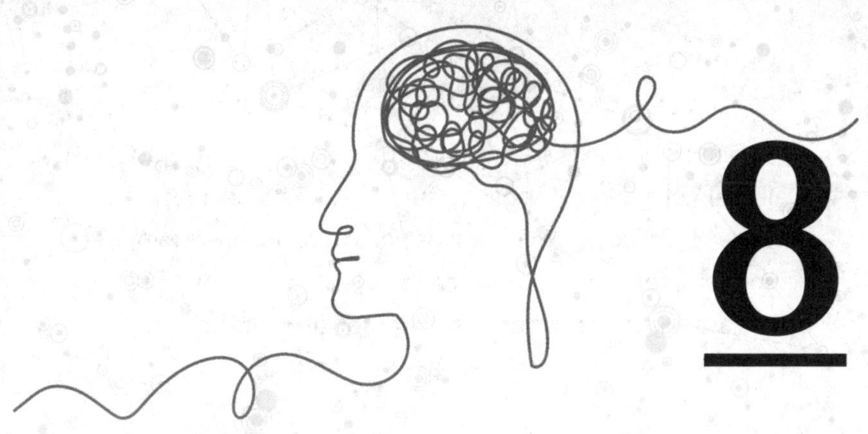

8

Promesa y proceso

Si somos sinceros con nosotros mismos, tenemos que admitir que en la Biblia se promete más de lo que hemos experimentado. En Romanos 6.14, leemos: «Porque el pecado no se enseñoreará de vosotros». Sin embargo, la experiencia que tenemos como seres humanos, y como cristianos, es que a menudo el pecado nos agarra en sus tentáculos. En Romanos 8.9, se nos dice: «Mas vosotros no vivís según la carne, sino según el Espíritu». No obstante, muy a menudo tenemos que confesar que no andamos según el Espíritu. Somos atrapados en los caminos de la carne. A nosotros se nos llama «hermanos santos» (Hebreos 3.1). Sin embargo cuando examinamos nuestras vidas —y cuando le echamos una mirada a gran parte de la historia de la Iglesia Cristiana—, comprendemos que están desfiguradas por la impiedad. ¿Qué debe hacer el cristiano ante esa clase de falta de cumplimiento? Nosotros vemos la promesa pero experimentamos muy poco de su cumplimiento.

En Hebreos 3.1-6 hallamos una respuesta sencilla y, sin embargo, profunda:

> «Por tanto, hermanos santos, participantes del llamamiento celestial, considerar al apóstol y sumo sacerdote de nuestra profesión, Cristo Jesús; el cual es fiel al que le constituyó, como también lo fue Moisés en toda la casa de Dios ... la cual casa somos nosotros, si retenemos firme hasta el fin la confianza y el gloriarnos en la esperanza».

¿Cuál es la repuesta? Considerar a Jesús. Volver a aquel que comenzó a construir esa casa (véase 1 Pedro 1.5). Volver a Jesús. Preguntarnos muy seriamente: «¿Es él capaz de terminar lo que comenzó? ¿Es Jesús capaz de terminar esta casa que comenzó a construir?». Y la respuesta es esta: «Sí, él está terminando la casa; la está terminando conforme al programa».

Ahora bien, si Jesús ha de terminar la casa, ¿por qué hallamos que nuestras vidas cristianas (que son su casa) están a menudo plagadas de incertidumbre, duda y frustración? Gran parte de eso puede atribuírsele al hecho de que aunque hemos abrazado las promesas de Dios con nuestra fe y con nuestro entendimiento, no hemos comprendido el proceso mediante el cual él lleva a cumplimiento esas promesas. La Biblia no solo nos habla con respecto a las promesas. También nos detalla el proceso por el cual las promesas se hacen realidad.

Cuando yo tenía unos cuatro o cinco años de edad, acostumbraba treparme en las piernas de mi papá y pedirle que me leyera las páginas cómicas. Si él no tenía tiempo, yo atormentaba a mi hermano mayor para que me las leyera.

«Me alegraré cuando entre en la escuela —me decía mi hermano con un suspiro—. Entonces podrás leer las cómicas por tu propia cuenta».

Esa llegó a ser la meta de mi vida a los cinco años: ¡Cuando yo entrara en la escuela, podría leer las cómicas por mi propia cuenta!

Cuando finalmente llegó el primer día en que yo iría a la escuela, estuve vestido y listo, sentado en las gradas del frente de la casa a las cinco y media de la mañana. Al fin había llegado la hora y me marché a la escuela. La clase pasó por la rutina del primer día, que consistió en asignar asientos y en conocernos unos con otros. Cuando sonó el timbre, salí velozmente hacia mi casa, llegué precipitadamente, abrí el diario matutino y clavé los ojos en las páginas cómicas. Y entonces rompí a llorar. ¡No podía leer!

Mi esperanza estaba tan fija en la promesa que no había comprendido el proceso por el cual tal promesa se cumpliría. Era perfectamente cierto, como mi hermano me lo había dicho, que cuando yo fuera a la escuela, podría leer las cómicas. Pero había un proceso, un tiempo intermedio durante el cual yo me movería hacia el cumplimiento de dicha promesa.

El tiempo de Dios

Los planes de Dios siempre envuelven un proceso que se desarrolla en un período de tiempo: ese es el tiempo de Dios. La Biblia explica el tiempo de Dios de este modo:

> «para con el Señor un día es como mil años, y mil años como un día».
>
> —2 Pedro 3.8

Eso significa que el tiempo es relativo para Dios. Puede ser más corto o más largo que el nuestro; eso depende de los propósitos de Dios. El tiempo de Dios es como una banda de goma: él puede estirarlo o comprimirlo.

Cuando hablamos acerca de un proceso, tenemos que reconocer que el factor tiempo está acorde con el tiempo de Dios, no con el nuestro. Eso puede causarnos frustraciones si no hemos contemplado a Jesús lo suficiente para comprender su sentimiento con respecto al tiempo en una situación determinada.

Dios puede estirar el tiempo, tal como lo ha hecho, por ejemplo, en relación con el establecimiento de su reino. Cualquiera que tuviera una fracción del poder de Dios pudiera establecer un gobierno universal en cosa de años. En el tiempo de nuestra propia vida hemos visto a hombres y naciones que han llegado cerca del dominio universal en pocos años. Pero Dios se ha tomado 2000 años, y su reino no se ha establecido todavía. Pero si tomamos en cuenta las palabras de 2 Pedro, solo han pasado dos días según el tiempo de Dios.

Por otra parte, Dios puede comprimir el tiempo. Normalmente, el agua de lluvia cae sobre los viñedos, pasa por el proceso de ser absorbida por la vid, luego crecen las uvas y, finalmente, después de transcurrir un lapso, el agua se convierte en vino. En una ocasión, Jesús cambió el agua en vino instantáneamente. Usualmente, cuando una persona tiene fiebre, descansa en cama, y con el tiempo le pasa la fiebre. La suegra de Pedro tenía fiebre. Jesús la tomó por la mano y fue sanada de la fiebre instantáneamente. Dios, pues, puede comprimir el tiempo o alargarlo.

Los materiales de Dios

Dios se halla en el proceso de construir un edificio. Es una casa de piedras vivas (1 Pedro 2.5). Nosotros somos las piedras. ¿Qué implica este proceso de construir un edificio? Primero que todo, hay que reunir los materiales. Eso sugiere la proyección de la iglesia para atraer a aquellos que todavía no son cristianos, que todavía no han oído el mensaje. Eso es precisamente la evangelización: reunir todas las piedras vivas. En esta etapa del proceso, hay una gran concentración en el individuo. Lo que está en el centro del enfoque es mi salvación; y es Jesús, mi Salvador, el que viene a mi conciencia. Esa fase del programa de construcción está llena de gran gozo para las «piedras». De repente descubrimos qué es realmente nuestra vida. Hallamos un nuevo centro para nuestra vida: Jesús.

Preparación de los materiales

Pero ese no es el fin del proceso. Solo es el comienzo. Ahora viene el asunto de arreglar los materiales, de depositarlos, tal vez, y luego esperar hasta que la fase real de la construcción comience. Esto es lo que llamamos el proceso de la santificación o crecimiento cristiano.

Este proceso puede ser por alguna razón menos excitante, usualmente menos cómodo que el proceso de ser introducidos en el edificio. Vienen los albañiles y comienzan a arreglar las piedras, a darles la forma requerida y tenerlas listas para que cuadren en el lugar específico que les corresponde en la estructura. Cuando el Espíritu Santo comienza a cortarle a uno las asperezas, a desportillarle algún borde áspero, a redondearle alguna esquina, no es siempre un proceso agradable.

Luego viene el tiempo cuando él lo coloca a uno en una pila y simplemente tiene que esperar, por cuanto está en marcha otra fase de la construcción. Como sabes, todo eso es como ir al sitio en que se construye un edificio. Allí vemos colocados grandes depósitos de madera. Allá, una pila de piedras que están esperando. Uno no ve que esté sucediendo algo. Este es uno de los aspectos más difíciles de soportar. Es aquí donde muchos cristianos caen. Se derrumban, se van por el barranco y se pierden por el hecho de que no aguantan el aburrimiento.

Hay un proceso de apilamiento y espera que es parte del crecimiento cristiano. Durante ese tiempo no sucede nada. Uno puede entender por qué. «¿Dónde está el antiguo gozo? ¿Dónde está la cercanía a Jesús que experimenté una vez?» Él está tan cerca de ti como siempre. Tú eres tan parte de su plan como siempre lo has sido. Pero el proceso ha pasado a una nueva fase. Está en la fase de espera.

Pensemos en un árbol que deja caer sus hojas en el otoño. Queda como desnudo y sin vida. Entra en un período de letargo. Pero ¿para qué se está preparando en ese período de inactividad? ¿Qué hay adelante? ¡Nueva vida, nueva fructificación! En California, luego de la Navidad, se podan las plantas llamadas flores de pascua, las que se convierten en estacas peladas y feas. Algunas veces, uno también se siente como una estaca pelada y fea. Sientes que no está sucediendo nada en tu vida cristiana. Pero eso no es cierto. El proceso de Dios está marchando hacia adelante conforme al plan.

Consideremos a Jesús

La Biblia dice: «Considerar a … Cristo Jesús». No dice que consideremos a esa estaca que piensas que es tu vida ahora. ¡Olvídate de eso! Mira a Jesús hasta que vuelva a poner en tu corazón y en tu entendimiento una visión del programa de construcción qué está realizando, hasta que infiltre en tu pensamiento la convicción y la seguridad de que va a completar su construcción según su programa.

Conviene examinar cuidadosamente nuestras vidas de vez en cuando, pues es posible que hayamos sido movidos del sitio de construcción. Es bueno ver si todavía estamos en comunión con nuestros compañeros en la fe cristiana, si todavía apartamos nuestros ratos para orar. Pero si estas cosas están en orden, y si estamos genuinamente buscando a Dios y, sin embargo, no nos sentimos cerca del Señor, entonces la Biblia dice: «Considerad a … Cristo Jesús». Él va a terminar la obra que comenzó. El programa que comenzó es maravilloso. Si miras hacia él, pondrá de nuevo en tu corazón la convicción de que está haciendo la obra. Él está en el proceso de construcción.

Cuando uno está muy cerca del edificio, a veces no puede ver la forma del proyecto de construcción. Hay un hombre que ha estado trabajando durante veinte años, tallando la escultura más grande del mundo en la ruda cara de una montaña. Cuando esté terminada será la escultura de un jefe indio: Gran Caballo. Las herramientas necesarias para dar forma a la escultura más grande que jamás haya intentado el hombre son un bulldozer y dinamita. De ese modo se va moviendo todo el lado de la montaña, centenares de toneladas de piedra. Si uno se acerca allí, a observar al hombre y su bulldozer, no puede ver nada, sino la ruda cara de la montaña y a un hombre que empuja montones de piedras hacia diversos lugares. Él mismo, en ese punto, no puede ver realmente cómo va a parecer la escultura. Pero tiene la visión en su mente. Sabe hacia dónde tiene que mover las piedras. Cuando uno regresa de allí, comienza a comprender, de un modo general, el esquema de lo que está haciendo con aquella gran montaña.

Cuando estás cerca de tu propia experiencia, a menudo obtienes un concepto deformado del producto terminado. Por esa razón, la Biblia dice: «Considerad a … Cristo Jesús». Lo que quiere decir es que entres en comunión con él de tal modo que puedas obtener la perspectiva que él tiene desde el cielo, al mirar hacia abajo. Lee el libro de Efesios y capta el cuadro, el proyecto de la iglesia. Reconoce que eres una pequeña piedra en medio de todo el edificio y que Dios ha de terminar su obra. Él la va a terminar según la tiene programada.

Esta es una de las más estimulantes palabras de la Escritura para los tiempos en que parece que no está sucediendo nada, o para los momentos cuando las olas parecen ir contra nuestra fe cristiana, cuando la gente dice: «¿Cuál es su creencia? ¿Cuál es su fe? ¿Qué tienes que mostrar en este caso?». A menudo, la respuesta es esta: «No podemos exhibir nada en este caso». Lo único que podemos hacer es considerar a Jesús, hasta que esa esperanza llegue a ser una realidad viviente en nuestros corazones.

Una persona dice: «¿Por qué crees en el cristianismo? Han pasado dos mil años. ¿Dónde está la promesa de su advenimiento?». Sí, han pasado dos mil años. Pero Dios va cumpliendo exactamente su programa. Él está construyendo su reino. Con el salmista, podemos reírnos de los complots y de los planes de los reyes de las naciones, porque sabemos que Dios está construyendo su reino.

Por la experiencia humana, sabemos que cuando se pone una fundación, un edificio se va a levantar en ese sitio. Y por fe en la Palabra de Dios, sabemos que ha sido puesto el fundamento para el edificio no hecho de manos, eterno en los cielos, la nueva Jerusalén. Dios está ahora en el proceso de construcción. Él nos llamó a ser piedras vivas de ese edificio. No te desanimes cuando lleguen tiempos de inactividad. No te muevas del sitio del edificio. No permitas que te lleguen tiempos de silencio, quietud y hastío de tal modo que se apoderen de ti, porque ¡el Señor va a terminar su obra!

A menudo, cuando entras en un programa de construcción, encuentras demoras frustrantes y obstáculos. A veces parece que hay una confusión medio organizada en el sitio del edificio. Pero la obra sigue. Los obreros se presentan a tiempo. Y se termina la construcción del edificio. Se ha terminado el proceso. La promesa del plan original se cumple. Y los que han perseverado hasta el fin se acercan para participar en la gloria de la inauguración del edificio.

• GUÍA DE REFLEXIÓN •

1. De las siguientes palabras o frases, ¿cuáles describen mejor el tema de este capítulo?

   a. Entender los tiempos de Dios
   b. Hábitos de santidad
   c. Oración en el nombre de Jesús
   d. Estudio sistemático de la Biblia
   e. Reconciliación

2. ¿Qué clave o respuesta breve, de dos palabras, encontramos en el libro de Hebreos para los momentos en que las promesas de la Biblia parecen no estar obrando en nuestras vidas?

   ____
   ____
   ____
   ____

3. ¿En qué se diferencia el tiempo de Dios del nuestro?

   ____
   ____
   ____
   ____

4. «Dios se encuentra en el proceso de construir un edificio». En esta ilustración describe lo que significan:

   a. Los materiales de construcción
   b. El proceso de dar forma a los materiales de construcción.

5. ¿Cómo describirías nuestra parte o responsabilidad cuando las promesas de Dios no parecen estar obrando o pensamos que están suspendidas?

   ____

   ____

   ____

6. Para pensar y debatir: recuerda un momento o situación de tu vida cristiana en que «no parecía estar pasando nada».

   a. ¿Cuánto tiempo duró?
   b. ¿Hubo algo en particular que te haya ayudado en ese momento?
   c. ¿Cómo ves en retrospectiva esa época?

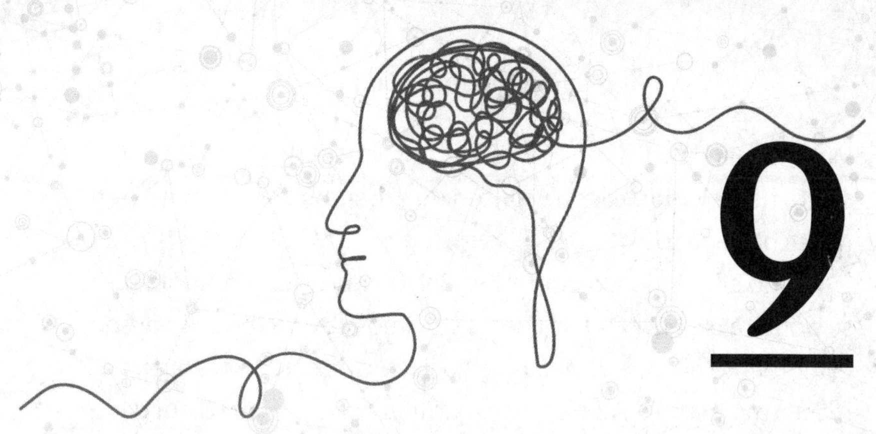

9

Perdón y liberación

«Señor, lo volví a cometer, ¡lo volví a cometer!». ¡Cuán frecuentemente tenemos que decir estas palabras! ¡Cuán a menudo tenemos que volver al Señor con el mismo pecado antiguo, el mismo fracaso antiguo, la misma dificultad emocional de siempre! Confesamos el pecado y somos perdonados, pero por alguna razón no somos liberados. No somos cambiados. No somos renovados. Intuitivamente sabemos que debiera haber progreso en la vida cristiana. Queremos ver un crecimiento en la vida piadosa. Sin embargo, a menudo, aquello mismo por lo cual nos esforzamos no llega a ser parte de nuestra experiencia. ¿Por qué? La respuesta gira sobre una distinción, raras veces reconocida, entre perdón y liberación.

En Isaías 51.5, el Señor dice: «Cercana está mi justicia, ha salido mi salvación». Pero todavía no ha llegado. El perdón es como un cohete que ha sido disparado desde el cielo hacia ti; el perdón está concedido desde el momento en que se lanza. Pero la liberación no se produce hasta que ese cohete llegue aquí a la tierra. La experiencia de muchos es que su cohete está flotando en algún punto del espacio: se les ha concedido el perdón, pero la liberación no les ha llegado.

Todo el mundo vio por televisión cuando la Misión Apolo hizo su primera excursión en la Luna. Estuvimos absortos en ello desde el momento en que la cápsula espacial fue disparada hasta el dramático momento del descenso en la Luna. No hubiéramos quedado satisfechos —en realidad, hubiera sido trágico— si la fase del descenso no se hubiera cumplido exitosamente. El Salmo 51 describe una misión divina de perdón y liberación, desde su comienzo en la mente de Dios, hasta su descenso en el corazón y en la experiencia del hombre.

Convicción del cielo

La primera operación es esta: Dios envía un impulso disparado hacia la tierra: El convence de pecado. El Salmo 51 fue escrito por David, después que pecó contra el Señor al cometer adulterio con Betsabé y planificar el asesinato del marido de ella. El profeta Natán se le presentó y le contó la historia de un hombre que tenía una corderita, que amaba tanto que la llevó a vivir en la casa consigo; la había criado como una de sus hijas. También contó la historia de un rico que tenía numerosas ovejas y vacas. Un día, cuando alguien vino a visitar al rico este, en vez de tomar una oveja de su propio rebaño, fue y tomó la cordera del hombre que solo tenía una. El profeta le preguntó al rey David qué se debía hacer con tal hombre. La inmediata respuesta de David fue: «El que tal hizo es digno de muerte». El rey comprendió inmediatamente la injusticia de esa acción. Entonces Natán le dijo: «Tú eres aquel hombre». Es decir: «Tú tienes muchas esposas y riquezas y, sin embargo, le quitaste la esposa a este hombre que solo tenía una, a la cual amaba mucho. Tú eres aquel hombre».

Ese fue el impulso disparado desde el cielo hacia la tierra. Ese impulso nos convence de aquellas cosas que hay en nuestras vidas que no agradan al Señor. Tal vez nosotros hayamos considerado estas cosas relativamente inicuas, pero el Señor considera el pecado mucho más seriamente que nosotros. ¿Por qué? Porque nos ama mucho. Él sabe que sin santidad «nadie verá al Señor» (Hebreos 12.14). Que el arrepentimiento y el perdón constituyen la llave para entrar al cielo y que no hay otra.

Nosotros tenemos que decir: «Señor, señálame mi pecado». Queremos que se nos descubra el pecado —no correr a escondernos—, estar expuestos para que se nos revele. «Señor, yo quiero saber qué hay en mi vida que no te agrada». Luego tenemos que estar dispuestos a que nos llegue la respuesta. Eso significa que nuestros oídos deben estar atentos a lo que nos dicen los hermanos en la fe, pues a menudo ellos ven más claramente nuestros pecados que nosotros mismos.

David se había hecho ciego a su propio pecado por cuando no quería hacerle frente. Pero Natán se dio cuenta de ello. Así somos por naturaleza. Necesitamos hacer esta oración: «Líbrame de los errores que me son ocultos» (Salmo 19.12). «Envíame un Natán, si necesito una sacudida de esa naturaleza para que me dé cuenta de mis errores».

¡Ah, sí! Necesitamos estar dispuestos a oír lo que nos dicen otros: la esposa, el esposo, aun los hijos; así como los hijos a lo que dicen los padres, para poder ser limpios de aquello que desagrada al Señor, aquellas cosas que él sabe que están impidiendo que nuestras vidas lleguen a ser lo que él quiere que sean. El Salmo 90.8 dice: «Pusiste nuestras maldades delante de ti, nuestros yerros a la luz de tu rostro». Dios ve estas cosas y nos ve a nosotros; por tanto, dispara su impulso poderoso hacia la tierra con el fin de convencernos, de hacernos comprender aquellas cosas que hay en nuestras vidas que no son correctas.

Confesión en la tierra

El segundo paso consiste en que nosotros disparamos la respuesta al cielo. Confesamos nuestros pecados y pedimos perdón. Tenemos que estar de acuerdo con Dios en cuanto a su juicio; el impulso que él disparó tiene que hallar una respuesta positiva en nosotros. Eso es lo que significa confesar nuestro pecado: estar de acuerdo con el intachable juicio de Dios.

Cuando el pecado de David quedó expuesto, él respondió: «Pequé contra Jehová». Es decir, envió su respuesta al cielo.

¿Cuál es el resultado de disparar esta respuesta de la tierra al cielo? El resultado es el perdón, perdón inmediato. En Lucas 18.9-14, Jesús narra la historia de dos hombres que fueron al templo a orar: un publicano, esto es, un hombre que era despreciado en la sociedad, que era segregado por la sociedad culta; y un fariseo, que era la quintaesencia de la moralidad y de la sociedad refinada. Cada uno de esos hombres oró según su propio modo. El publicano oró pidiendo misericordia. Disparó esa respuesta hacia Dios: «Dios, sé propicio a mí, pecador». Jesús dijo: «Este descendió a su casa justificado». Tan pronto como habló, se le concedió el perdón. Dios dirigió el perdón hacia el corazón del publicano inmediatamente, así como los astronautas, cuando estaban en la Luna, podían dirigir sus voces instantáneamente hacia la Tierra.

La liberación es lanzada

Muy a menudo nos detenemos en este punto: «Estoy perdonado. Algún día, en el cielo, seré perfeccionado. Algún día, en el cielo, seré limpio de todas estas cosas que constantemente me hacen tropezar». Pero es este el momento en que tenemos que asirnos de Dios, de la confianza en que él llevará a conclusión esta misión. Osadamente tenemos que declarar: «Señor, no me voy a rendir en esta misión hasta que ocurra el descenso de la liberación. No me satisface solo al perdón, por cuanto dices que me limpiarás de todo pecado».

Leemos en 1 Juan 1.9: «Si confesamos nuestros pecados, él es fiel y justo para perdonar nuestros pecados…», pero el versículo no termina allí. Continúa diciendo «…y limpiarnos de toda maldad». Esa es la liberación.

Así que ya ha habido el disparo del impulso del cielo, para que nos convenza de pecado. Ha habido el disparo de la respuesta de la tierra para pedir perdón. Y, en base a esos hechos, Dios lanza su cohete de liberación.

La fe es el combustible del cohete de la liberación

Dios nos libra y nos limpia por medio de la fe. «El cual nos libró, y nos libra, y en quien esperamos que aún nos librará, de tan gran muerte» (2 Corintios 1.10). Tenemos que creer y actuar basados en lo que Dios ha hecho y, por tanto, con toda seguridad tiene que suceder. El cohete de la liberación que Dios lanza desde el cielo está alimentado por el combustible de la fe. Y hay muchas liberaciones, muchas respuestas a oraciones, que simplemente están flotando en el aire. Se les acabó el combustible. No hubo el ejercicio de la fe para hacerlas llegar hasta la tierra.

Pensemos en lo que se dice de Abraham en el capítulo 4 de Romanos. Dios había lanzado un cohete directamente hacia él: la promesa de que tendría un hijo. Esa promesa se demoró un gran tiempo en llegar. El cohete tuvo que hacer un largo viaje. Pero la Biblia dice.

> «Tampoco dudó, por incredulidad, de la promesa de Dios, sino que se fortaleció en fe».

El alimentó ese cohete con el combustible de la fe y le dio la gloria a Dios, plenamente convencido de que Dios haría lo que había prometido. Esa fue la razón por la cual la fe le fue contada por justicia. Él sabía que el cohete que se había lanzado iba a llegar.

Hubiéramos podido tener unos momentos perturbadores cuando oímos que los astronautas iban a despegar de la superficie de la Luna. Pero no fueron muchos los que realmente dudaron de que ellos regresarían sin contratiempos. Creímos. Esperamos. Confiamos. Observamos. Y ... llegaron.

La fe vence los obstáculos satánicos

La fe es una batalla. Satanás le pone obstáculos al cohete. En el espacio hay meteoritos espirituales, que se han disparado con el fin de que destruyan nuestro cohete antes que llegue a su destino.

En el capítulo 10 de Daniel, vemos a Daniel en Babilonia, confesando sus pecados y los de su pueblo. Él estaba disparando esa respuesta hacia el cielo. Fueron necesarios veintiún días antes que arribara el cohete de Dios. Y cuando llegó, el ángel que tenía a su cargo el mensaje dijo: «desde el primer día que dispusiste tu corazón a entender y a humillarte en la presencia de tu Dios, fueron oídas tus palabras; y a causa de tus palabras yo he venido». Es decir, ese mismo día se había enviado la respuesta. El cohete se había lanzado inmediatamente, «Mas el príncipe del reino de Persia se me opuso durante veintiún días» (Daniel 10.13). El cohete que iba cargado con la respuesta de la oración encontró oposición espiritual a medida que avanzaba hacia su destino. Pero Daniel se mantuvo creyendo, y el arcángel Miguel fue enviado a librarlo del poder del príncipe de Persia, es decir, del poder espiritual maligno que dominaba en aquella región. Solo entonces llegó la respuesta de la oración. ¡La fe es una batalla!

Dios escoge el sitio de descanso

La fe está dispuesta. Está dispuesta a recibir el cohete en cualquier sitio de descenso que Dios designe. A menudo podemos perder la respuesta por estar esperando en la Zona de Descenso No. 2, cuando Dios ha planeado que descienda en la Zona No. 10. El Salmo 51 menciona diversas zonas de descenso, diversos modos mediante los cuales el Señor nos libra del poder del pecado. «En lo secreto me has hecho comprender sabiduría» es la idea que distingue la espera en una de las zonas de descenso. Uno puede tener sabiduría en la cabeza, pero cuando ella llega a lo secreto del corazón se convierte en algo que le asegura a uno: «Ahora estoy sintonizando a Dios. Ahora estoy bien con él».

«Purifícame» y «lávame» son los pensamientos que distinguen a otras zonas de descenso. En Efesios 5.26 se nos dice que Jesús nos limpia con el levantamiento de la Palabra. Esta es otra forma en que nos llega la liberación.

La característica que distingue la espera en otra de las zonas de descenso es esta: «Crea en mí, oh Dios, un corazón limpio»; un corazón que tenga nuevos afectos, nueva lealtad. Es entonces cuando uno comienza a sentir gusto por las cosas nuevas, a apreciar nuevas clases de personas.

Jim Brown, un pastor presbiteriano de Pensilvania, dijo una vez: «Lo que me irritaba más que ninguna otra cosa era que la gente se me acercara y me preguntara: ¿Ha recibido usted a Jesucristo como su Salvador personal? Ahora entiendo por qué me irritaba. ¡Yo no tenía la salvación en Cristo!». Luego continúa: «Yo era un cristiano socialista. No me hubiera llamado a mí mismo cristiano. Cuando se colocó la primera piedra para el edificio de las Naciones Unidas en Nueva York, no pensé que el milenio estaba muy cercano. Pero el Señor me convenció, y ahora lo que me encanta es estar con el pueblo del Señor». Él recibió un nuevo corazón, nuevas relaciones, nuevos afectos. El Señor lo libró de la esclavitud del pasado.

El descanso: una vida cambiada

¿Cuál es la conclusión de todo esto? Cuando nos asimos de lo que Dios dice y, por tanto, decimos: «No dejaré de orar ni de creer hasta que llegue el cohete, hasta que sea liberado de estas cosas que me están haciendo tropezar … Entonces enseñaré a los transgresores tus caminos». Es entonces cuando tengo un testimonio que suena como cierto, porque está arraigado en la realidad. Ese testimonio es una vida cambiada que hace que la gente se dé cuenta de ella y le preste atención.

Y ahora, ¿cómo se produce este cambio? Llega el cohete que trae a Jesús para que entre en nuestras vidas. Él es el que cambia la vida. Lo que tenemos que pedir en la oración es que nos lo dé a él. «Señor, no dejaré de orar ni de creer en ti hasta que venga Jesús a mí y haga el cambio en esto mismo que te causó pesar, y que yo tuve que confesar delante de ti. Hasta que esa parte de mi vida sea cambiada no dejaré de creer ni de confiar en ti. Aunque tenga que esperar y orar durante largo tiempo, y aunque la batalla sea difícil, yo creeré».

Jesús es el que cambia la vida. Precisamente, luego que Jesús entró en la casa de Zaqueo, este pudo decir. «Señor … si en algo he defraudado a alguno, se lo devuelve cuadruplicado» (Lucas 19.8). ¿Qué fue lo que causó el cambio? Jesús había entrado en su casa. Jesús es, pues, el cohete que Dios ha enviado para nuestra liberación.

Así que no descanses hasta que se produzca el descenso. No te sientas satisfecho hasta que no llegue la liberación. Dios sabe cuánto tiempo será necesario. Conoce los obstáculos que hay que vencer. Pero él promete en su Palabra que nos limpiará de todo pecado, que nos hará personas nuevas mediante el Espíritu Santo que mora en nosotros.

• GUÍA DE REFLEXIÓN •

1. De las siguientes palabras o frases, ¿cuáles describen mejor el tema de este capítulo?

    a. Necesidad de mejor comunicación
    b. Victoria sobre el pecado
    c. Guía divina
    d. Sanidad espiritual
    e. Confesión privada

2. ¿Qué busca o espera de nosotros el Espíritu Santo cuando nos señala el pecado en nuestras vidas?

    ____
    ____
    ____
    ____

3. ¿Se te ocurren momentos o situaciones de tu vida en que el Espíritu Santo te convenció del pecado? ¿Cómo lo hizo (cómo se comunicó contigo)?

    ____
    ____
    ____
    ____

4. ¿Cuál dirías que es la diferencia entre el perdón y la liberación?

    ____
    ____
    ____
    ____

5. Este capítulo pinta la liberación como un cohete lanzado desde el cielo y apuntando a la tierra (nuestra vida en ella). Describe el proceso de llevar al cohete de la liberación a un aterrizaje exitoso.

    a. ¿Qué parte cumplimos en ello?
    b. ¿Cuál es la parte de Dios?

6. Para pensar y debatir: ¿De qué maneras se comunica el Espíritu Santo con nosotros:

    a. para señalarnos el pecado en nuestras vidas?
    b. para que lidiemos con el pecado que parece persistir?

Cuarta parte:

La mente renovada acepta la disciplina

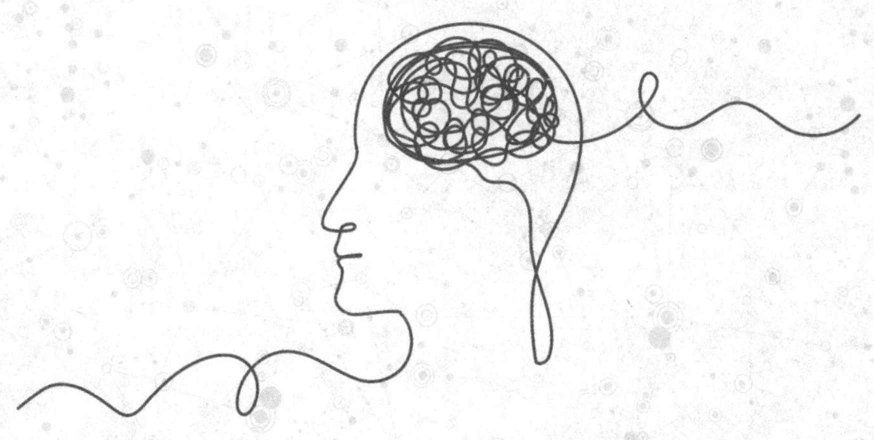

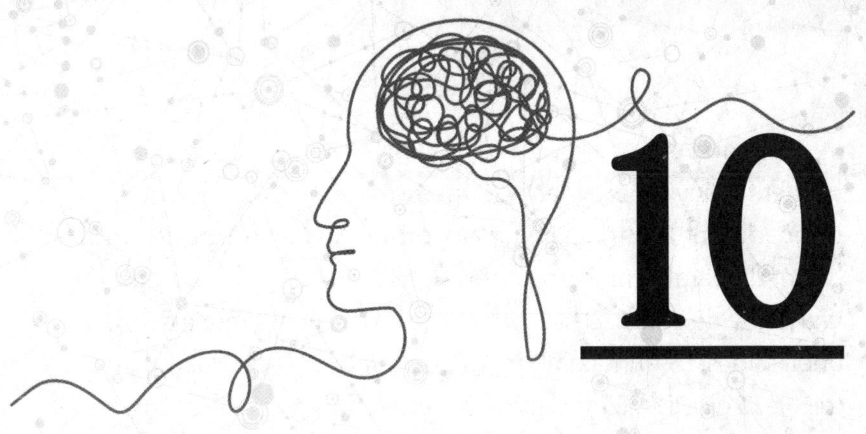

El instrumento de la perturbación

¿Cuál es la diferencia esencial entre la vida de uno que es cristiano y uno que no lo es? El que no es cristiano es independiente de Jesucristo. El cristiano depende de Jesucristo en todo aspecto de su vida. El progreso total del crecimiento cristiano se reduce a esto: Aprender a depender de Jesús en toda circunstancia.

Dios utiliza muchos métodos para enseñarnos a depender de Jesucristo: instrucción, predicación, ejemplos. La enseñanza, sin embargo, puede llegar a atascarse en el nivel de la teoría o de la posibilidad. A menudo la sola enseñanza no es suficiente para convencernos profundamente de que necesitamos depender de Jesucristo en toda circunstancia de la vida. En lo profundo de nosotros, por debajo del nivel al cual puede alcanzar nuestra voluntad consciente, existen pequeñas cavidades de independencia que insisten en que podemos vivir este o aquel aspecto de nuestras vidas por nuestra propia cuenta. El Espíritu Santo quiere llegar hasta lo profundo de nuestro ser, no solo para enseñarnos en palabras ni en teoría, sino en realidad, a depender de Jesús en toda circunstancia.

Para que eso ocurra, el Espíritu Santo pone en acción un instrumento muy especial llamado «perturbación». Es un instrumento diseñado por Dios para llegar a lo profundo de nuestro ser. Está diseñado para cumplir una doble función: tiene un filo cortante y una punta de grabar. El filo cortante de la dificultad expone nuestras debilidades. La punta grabadora graba sobre ellas el cuadro de la fortaleza de Dios. Ese es el trabajo específico que el instrumento de la perturbación hace en cada uno de nosotros cuando lo utiliza el Espíritu Santo.

El filo cortante de la perturbación

Ante todo, el Espíritu Santo emplea la perturbación para exponer nuestras debilidades. Estas son de dos categorías: la debilidad de nuestras circunstancias, es decir, aquellas cosas que están fuera de nosotros de las cuales dependemos; y la debilidad de nuestro carácter: aquellas cosas que están dentro de nosotros de las cuales dependemos.

La debilidad de nuestras circunstancias

El filo cortante de la aflicción expone la debilidad de nuestras circunstancias. Las circunstancias económicas, por ejemplo, pueden ejercer gran influencia en nuestras vidas. La Biblia ilustra esto en la parábola del rico insensato.

En tu propia vida, sin ninguna advertencia, puedes ser sorprendido por gastos inesperados que asciendan a centenares de dólares; la inflación puede tragarse tus ahorros. Simplemente, descubres cuánto dependes de las cosas materiales. El Espíritu Santo puede usar la dificultad económica para exponer las cosas que hay en nuestras vidas que no están esencialmente relacionadas con Jesús.

Las calamidades vienen para mostrar la debilidad de nuestro ambiente social: desde las que se presentan en algo pequeño como el contrato para construir una autopista, hasta las que vienen por cosas más grandes como la guerra. De la noche a la mañana puede desatarse una situación inestable. Él permite que el filo cortante de la dificultad corte esa indebida dependencia que tienes de las circunstancias que te rodean.

Tal vez pensemos que tenemos relaciones estables en lo que respecta a nuestra posición ante otras personas. Pero Dios corta eso con el filo cortante de la aflicción. El mismo Jesús halló sometido a prueba este aspecto de su vida. Él llegó a Jerusalén el Domingo de Ramos. Ese día gritó la multitud: «¡Hosanna al Hijo de David!» Cinco días después, el entusiasmo de la multitud se había evaporado. Dios puso a prueba la dependencia que Jesús pudiera tener de la multitud. Si Jesús hubiera estado dependiendo de ella, habría quedado enteramente desanimado. Lo primero que hace la aflicción es enseñarnos cuán incompetentes y necesitados somos.

La debilidad de nuestro carácter

Dios también quiere que reconozcamos la debilidad de nuestro carácter. Tenemos la tendencia a depender de ciertas características que están en nosotros mismos, para que ellas nos saquen de las situaciones difíciles.

Jesús les advirtió a sus discípulos que ellos lo iban a abandonar. Pedro dijo: «No, Señor, yo no. Tal vez los demás, ¡pero no este Pedro que es bueno, antiguo y sólido como una roca! Aunque todos los demás te dejen, yo no te dejaré, Señor». Jesús movió la cabeza negativamente y dijo: «¡Ay, Pedro! Satanás te ha pedido para sacudirte. Te has metido en dificultades. Dios no tiene otra alternativa que tomar el cuchillo de la perturbación y exponer la debilidad de tu jactancioso valor».

El Espíritu Santo puso a Pedro en el crisol de la prueba: en el cedazo de Satanás. Fue allí donde él descubrió que no tenía el valor de estar firme con Jesús. Jesús sabía lo que había en el carácter de

Pedro, pero fue necesaria la perturbación para exponer esa debilidad a fin de que Pedro pudiera comprenderla. Eso es lo que hace la aflicción. Nos hace estar conscientes de algo que Dios ya sabía todo el tiempo.

En nuestras relaciones con otras personas tenemos que aprender a no depender de los méritos de nuestro propio carácter. ¿Te has sentido desanimado o aun conmovido por la impaciencia, el odio o el resentimiento que brotan repentinamente de ti bajo la prueba extrema de alguna situación? Simplemente dices: «¡Ah, yo no sabía que había eso en mí!». Pero Dios sí lo sabía. Así que él tomó el afilado cuchillo de la aflicción y expuso esa debilidad, para que pudieras reconocer tu propia necesidad, esa que tienes de una fortaleza que esté fuera de ti mismo.

Soren Kierkegaard, el teólogo y filósofo danés del siglo XIX, narra un incidente que lo distinguió a él durante toda su vida. Él vio a un hombre cuya relación con Dios era aparentemente muy buena. Y, sin embargo, cuando su joven hijo murió, aquel se puso de pie junto a la tumba y, con los puños levantados hacía el cielo, gritó: «¿Es este el modo en que me tratas después de todo lo que yo he hecho por ti?». De pronto, la debilidad de su carácter quedó completamente al descubierto. Su relación con Dios no era de amor y confianza, sino de deber, de obedecer preceptos y de recibir el pago por lo que se hace. No era la mentalidad de un hijo, sino la de un esclavo. El cortante cuchillo de la aflicción expuso su debilidad.

Tal vez tú mismo te halles en medio de contratiempos en el momento de leer estas líneas. ¿Qué es lo que Dios quiere que hagas cuando te halles en aflicción? La aflicción corta en ti lo necesario para que la debilidad de tu vida quede al descubierto y la veas. Las cosas externas fracasan. Las internas se desmoronan. ¿Qué vas a hacer? Es allí donde comienza la segunda función del instrumento de la perturbación a cumplir su papel.

La punta grabadora de la aflicción

En esta parte viva de nuestra vida que queda expuesta por medio del corte, Dios comienza a grabar un cuadro y una promesa que representan la fortaleza y los recursos de Dios. En este punto, te ruego que pienses en estas dos preguntas: Cuando el Espíritu Santo empuña su instrumento de aflicción en tu vida, ¿te sientes amargado o mejor? ¿Le pides a Dios que te dé liberación o crecimiento?

La aflicción puede hacer que te sientas amargado

En inglés, estas dos palabras —amargado y mejor— son muy parecidas (bitter y better). Solo hay una letra de diferencia entre ellas: la I. Y resulta que la I [en inglés] es el pronombre personal «Yo». Y esa es la clave. Si enfocas tu atención en el yo, en medio de la situación perturbadora, llegarás a sentirte amargado y endurecido. Si te concentras en pensar en tu propia miseria, y comienzas a revolcarte en el fango de la autocompasión, la amargura te vencerá.

No nos engañemos con respecto a la aflicción. No hay nada mágico en ella. Moralmente, es neutral. Ella hace que algunas personas se sientan amargadas, duras y resentidas con la vida y las personas. Todo depende del modo en que uno reaccione. Si te concentras en la amargura del yo, en el ego, en lo que te está sucediendo en esta situación, con eso te sentirás amargado. O, si acudes a tus propios recursos («Ahora, ¿qué puedo hacer para escaparme de esto?»), sacas toda la fuerza personal y buscas alguna clase de solución que te ayude a salir del problema de algún modo, te ocurrirá lo mismo: eso lo hará sentirse endurecido. Llegas a convencerte de que tienes que levantar barreras aún más altas contra la calamidad.

La aflicción puede hacer que te sientas mejor

Si te enfocas en Dios y no en la amargura, una experiencia perturbadora puede hacer que te sientas infinitamente mejor. Eso fue lo que le sucedió a San Pablo. Examina la lista de calamidades que él hace en 2 Corintios 11.19–12.10. Pero él las recibió todas como procedentes de la mano del Señor. Su punto de enfoque no estaba en las aflicciones, sino en Dios.

«A ti, oh Señor, acudo en tiempo de infortunio. Señor, me ha venido esta aflicción, pero yo confío en ti». Miro hacia la cruz y pregunto: «Señor, ¿qué es lo que hay en mí que exige esta clase de disciplina y entrenamiento? ¿Qué hay en mi carácter, o en la dependencia mía de las circunstancias, que exija un manejo tan rudo?». Tan honesto examen personal puede producir un arrepentimiento que renueve la vida.

Pero nosotros no nos detenemos en la cruz. Miramos hacia el cielo y decimos: «Señor, ¿cuáles recursos de los tuyos quieres introducir en esta situación para redimirla, para cambiarla? ¿Cuál aspecto del carácter de Cristo puede llegar a mí ahora? ¿Qué parte de su paciencia, amor y comprensión puede comenzar a cambiar mi ser interno total mediante algo que esté fuera de mí?».

Mientras tengas tu vista puesta en Dios, los cielos se abren. Dios comienza a indicarte que puedes contar con que los recursos del cielo llenarán el vacío y la debilidad que se han manifestado en tu vida. Dios nunca hace que se manifieste nuestra debilidad con el fin de avergonzarnos, ni de hacer que nos sintamos impotentes y atemorizados. Solo quiere decirnos que no es su propósito que vivamos independientes de él. Que él nos creó a nosotros como seres independientes. Que si no dependemos de él, entonces tendremos que depender de algún dios falso. La criatura humana fue creada con una naturaleza fundamental de dependencia absoluta, completa. Cuando Dios hace que se manifieste nuestra debilidad, lo hace con el propósito de que volvamos a la roca inconmovible, para que nuestra vida pueda edificarse sobre el correcto fundamento.

Liberación o crecimiento

Cuando el Espíritu Santo empuña el instrumento de la aflicción y lo introduce en tu vida, ¿buscas liberación o crecimiento? Si rehúsas continua y habitualmente hacerle frente a la prueba, te pierdes el propósito del Espíritu Santo. Ya está hecho el corte en tu vida, tu debilidad ha quedado al descubierto; pero entonces te suturas muy bien y te escapas de la aflicción. De ese modo, lo único que has tenido es una experiencia dolorosa, pero no has ganado nada.

Esta es nuestra tendencia humana. Clamamos: «¡Señor, líbrame! ¿Qué puedo hacer para salir de esta situación?». Si oyéramos la voz de Dios, él nos diría: «Yo no quiero que te escapes de ella, sino que te sometas a ella. El propósito por el cual te ha venido esta aflicción no es que seas liberado, sino que crezcas, a fin de que seas más semejante a Jesús, al pasar por esta experiencia».

Cada obstáculo que se nos presenta en el sendero se convierte en ocasión para que ponderemos: «¿Qué es lo que hay en mí que debe ser reducido a cero, y qué es lo que hay en Cristo que debe fluir hacia ese vacío para llenarlo con fortaleza y poder del cielo?». A medida que observas la situación, descubres la inescrutable sabiduría de Dios al planear la clase de cosas que vienen a tu vida. Están absolutamente diseñadas con el propósito de poner en ti algo de Cristo: de exponer alguna debilidad, de modo que Cristo pueda llenar ese vacío con su fortaleza.

El Espíritu Santo es un Artesano Maestro en formarnos a la imagen de Cristo. Él usa muchos métodos diferentes, muchos instrumentos. La aflicción es uno de ellos, un instrumento precioso. Cuando observes el propio modelo de tu vida, y te des cuenta de que la aflicción te está mirando fijamente al rostro, piensa que Dios te ha enviado con un propósito especial: hacer manifiesta la debilidad tuya, de tal modo que puedas aprender a depender de la fortaleza de Cristo.

• GUÍA DE REFLEXIÓN •

1. De las siguientes palabras o frases, ¿cuáles describen mejor el tema de este capítulo?

    a. Cómo vencer a los malos hábitos
    b. La paciencia
    c. Aprender a aceptar lo inevitable
    d. Ayudar a otros a vencer dificultades
    e. El valor positivo de las situaciones negativas.

2. Según este capítulo, cuando Dios usa la «herramienta de los problemas» es para cumplir dos cosas en nuestras vidas. A su vez, cada uno de esos propósitos se presenta en términos de dos aspectos o partes:

    a. ¿De qué cosas se ocupa el «borde filoso» de los problemas en tu vida?
    b. ¿Qué resultados opuestos pueden tener los problemas en tu vida (según sea que los enfrentes o lidies con ellos)?

3. ¿Se te ocurre un momento o situación en tu vida en que hayas vivido una de estas verdades o ambas?

    ____

    ____

    ____

4. ¿Cómo describirías nuestra parte o responsabilidad cuando pasamos por «tiempos de problemas»?

    ____

    ____

    ____

5. Para pensar y debatir: ¿Se te ocurre o puedes imaginar un tiempo de problemas en que creerías y orarías principalmente pidiendo:

    a. liberación?
    b. desarrollo?

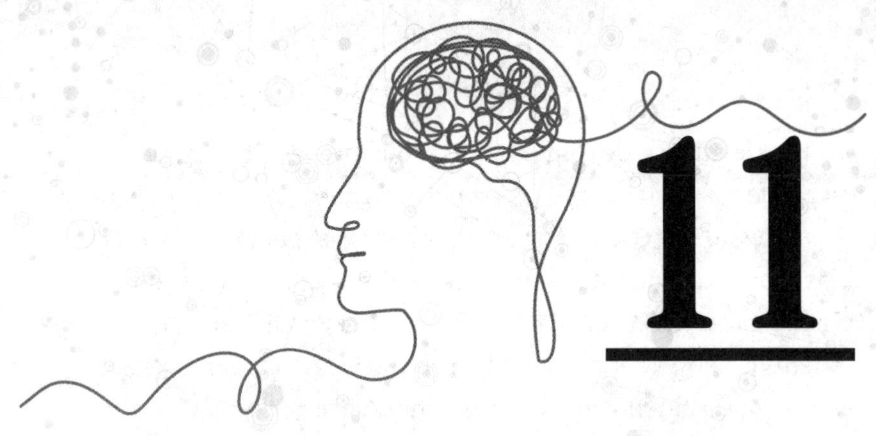

El fuego, Señor, ¡no el montón de desperdicios!

El artista de televisión Arthur Godfrey se deleita en narrar lo que sucedió una vez en el taller de un herrero. Godfrey solía observar cómo trabajaba el hombre. Tomaba cada pedazo de metal en su experimentada mano y lo observaba. Algunos de esos pedazos los tiraba en una pila para trabajar con ellos posteriormente. Pero a otros les echaba una mirada y los lanzaba al montón de desperdicios.

Godfrey le preguntó:

—¿Por qué tira unos pedazos en el montón de los desperdicios y otros en este lugar?

—Bueno, veo —dijo el herrero— que algunos de esos pedazos de metal van a resultar útiles cuando los someta al fuego. Hay algo en cada uno de ellos que les permitiría salir refinados y perfeccionados. Pero los otros pedazos son inútiles, no pueden resistir el fuego. Por eso los lanzo al montón de los desperdicios.

Esa experiencia dejó una impresión duradera en Godfrey. Llegó a ser simbólica de algunas de las experiencias que tuvo posteriormente en la vida. Él reconoció que muchas de las experiencias difíciles a las cuales tuvo que someterse eran precisamente aquellas que lo probaban y lo hacían un mejor hombre. La experiencia que tuvo en la herrería llegó a ser como un lema en su vida. Cuando tenía que enfrentarse a alguna de esas situaciones difíciles, decía: «Señor, el fuego, ¡no el montón de desperdicios!».

¿Qué pudiera ser más trágico que ser puesto uno a un lado y declarado no útil para el Señor? Cuánto mejor es someterse a los fuegos de la prueba si de allí uno sale refinado y purificado y en condiciones de ser usado otra vez por Dios, y usado en una forma más amplia que antes. Porque esta es una verdad espiritual: la ley de la prueba de fuego nos capacita para el servicio al Señor.

El científico no se recuesta a quejarse de las leyes de Dios, ni trata de descartarlas. Aprende lo que ellas son y luego adapta a ellas sus experimentos. El gran equipo de científicos que logró colocar a un hombre en la Luna nunca lo habría hecho, si se hubieran rebelado contra las leyes de la química y de la física con las cuales ellos pudieran cumplir tal hazaña. Tuvieron que aprender esas leyes y luego ponerlas en práctica. Hay leyes para el crecimiento espiritual que son tan válidas y penetrantes como las leyes de la física y de la química.

El fabricante de ladrillos sabe que para poder hacer un edificio o una casa, los ladrillos tienen que someterse primero al fuego. Y el Señor sabe que para poder construir la casa espiritual, sus piedras de construcción, que son vidas humanas, tienen que someterse al fuego.

En Lucas 12.49-52, Jesús habla del proceso de refinación, para lo cual utiliza tres figuras: fuego, bautismo y división: «Fuego vine a echar en la tierra; ¿y qué quiero, si ya se ha encendido? De un bautismo tengo que ser bautizado; y ¡cómo me angustio hasta que se cumpla! ¿Pensáis que he venido para dar paz en la tierra? Os digo:

El fuego, Señor, ¡no el montón de desperdicios!

No, sino disensión. Porque de aquí en adelante, cinco en una familia estarán divididos, tres contra dos, y dos contra tres».

Fuego

Según la Biblia, el fuego cumple tres funciones. Primero que todo, juzga. En Jeremías 4.4 se nos dice que la palabra del Señor saldrá y juzgará al pueblo hará que se arrepienta: «no sea que mi ira salga como fuego, y se encienda y no haya quien la apague, por la maldad de vuestras obras».

El fuego simboliza la santa ira de Dios que desciende sobre los asuntos de los hombres y los juzga. Esta clase de predicación no es popular en el día de hoy. No nos gusta oír acerca del juicio severo y, sin embargo, sobre eso leemos precisamente en la Biblia. El Dios de amor es también Dios de juicio. Él odia el pecado con una pasión santa; por ello, desciende con el fuego del juicio.

En segundo lugar, el fuego refina. Dice Zacarías 13.9:

> «Y meteré en el fuego a la tercera parte, y los fundiré como se funde la plata, y los probaré como se prueba el oro».

Y en Malaquías 3.2, 3 leemos:

> «Porque él es como fuego purificador, y como jabón de lavadores. Y se sentará para afinar y limpiar la plata: porque limpiará a los hijos de Levi, los afinará como a oro y como a plata».

Sabemos lo que hace el fuego cuando purifica un metal: le quita las sustancias extrañas. Lo único que queda es el metal puro. Eso es lo que hace el juicio de Dios: remueve nuestras impurezas, nos reduce precisamente a la persona que Dios puede usar.

Finalmente, el fuego transforma. Este es el símbolo que obtenemos en el libro de Levítico, cuando la ofrenda se coloca delante del altar y se quema. ¿Y qué sucede? Se convierte en humo que sube y se convierte en olor fragante al Señor. La carne se transforma en humo. Este es un símbolo de una vida transformada. El fuego hace todas estas cosas.

Cuando el Señor marchaba hacia la cruz, echándole una mirada a la vida que tenía adelante, dijo: «Fuego vine a echar en la tierra; ¿y qué quiero, si ya se ha encendido?». Él deseaba que este proceso comenzara, por cuanto era necesario a fin de que su obra fuera completamente realizada.

Jesús todavía está esperando el cumplimiento de esto. ¿Cuándo comenzará? No allá afuera en el mundo. La obra de purificación y transformación tiene que comenzar en la casa de Dios. Las impurezas del mundo entristecen a Dios. Pero las impurezas de la iglesia lo entristecen mucho más.

Se espera que la iglesia sea un manantial de pureza que ayuda a purificar al mundo. Si ese manantial está contaminado, entonces el plan de Dios y el reino están en una condición baja. Por eso dice: «Porque es tiempo de que el juicio comience por la casa de Dios» (1 Pedro 4.17).

Eso fue lo que Jesús quiso significar cuando llegó a Jerusalén, limpió el templo y echó fuera a todos los cambistas. ¿Por qué? Porque si esta casa no estaba en orden, si no estaba funcionando con honestidad e integridad, ¿qué se podría esperar de los de afuera? Mientras que no haya juicio contra la Iglesia de Cristo, no podemos esperar que descienda el juicio contra el mundo.

Algunas veces, los cristianos sienten un placer casi insensato cuando hablan acerca de los juicios de Dios contra el mundo. Les sucede lo que a Juan y Santiago, cuando un pueblo de Samaria no quiso aceptar a Jesús. Ellos dijeron: «¿Quieres que mandemos que descienda fuego del cielo, como hizo Elías, y los consuma?».

Pero Jesús les dijo: «Vosotros no sabéis de qué espíritu sois». Es decir, «ustedes no comprenden eso antes que suceda, ustedes van a experimentar el fuego. Ustedes serán los primeros en pasar por el fuego del juicio».

¿Podemos decir nosotros algo así como lo que Jesús dijo?». ¡Ah, que los fuegos de Dios estuvieran ya activos en mi vida; que los fuegos del juicio, de la refinación y de la transformación ya estuvieran haciendo su efecto en mí!». Mientras no suceda eso, nada de verdadero valor puede venir a nuestras vidas.

Cuando Pablo era joven, fue miembro del supremo tribunal del judaísmo, el Sanedrín. Él iba avanzando más que los de su edad; así era de celoso por la tradición de sus padres. Luego se encontró con Cristo. Su vida entera fue transformada. Todas esas cosas fueron sometidas al fuego del juicio, para refinar y purificar. La escoria fue sacada y entonces pudo decir:

> «Y ciertamente, aun estimo todas las cosas como pérdida por la excelencia del conocimiento de Cristo Jesús, mi Señor».
>
> —Filipenses 3.8

En las vidas de algunos, el fuego de Dios ha estado ardiendo. Ellos han llegado a una nueva comprensión del poder y de la realidad de él, y eso no ha sido completamente aceptado por los miembros de sus propias familias, ni por sus amigos, ni por sus asociados. Todo el conjunto de relaciones personales ha tenido que someterse al fuego refinador. ¿Pudieras decir, en medio de tal prueba: «Señor, el fuego, ¡no el montón de desperdicios!»? ¿Y qué ocurriría si lo que eso significa es que yo tengo que reestructurar mis amistades? Tal vez tenga que aceptar reproches o desdenes de mis allegados. Tal vez sea necesaria esa clase de refinación para que yo pueda ser útil al Señor.

Los montones de desperdicios espirituales están llenos de vidas de aquellos que no aceptan la desaprobación por parte de otras personas que desprecian o miran con desdén la fe de ellos. Esas personas que no aceptan la desaprobación tienen una horrible etiqueta en su vida: «Ya no soy útil para el Señor».

¿Estás dispuesto a hacerle frente a ese hecho también en relación con tu iglesia? «Señor, el fuego, ¡no el montón de desperdicios!» ¿Estás dispuesto a aceptar el hecho de que tu iglesia no iba a ser un lugar sencillo, respetable y cómodo? ¿Estás dispuesto a aceptar el hecho de que tú y tu iglesia pueden ser sometidos a los fuegos del reproche y de la crítica, hasta que llegue al punto de la absoluta buena voluntad de obedecer a Dios, sin importar en qué aspecto? Solo la iglesia que es probada por fuego le puede ser útil a Dios.

Bautismo

«De un bautismo tengo que ser bautizado; y ¡cómo me angustio hasta que se cumpla!». En la Biblia, el bautismo es un símbolo de muerte y resurrección. En el Nuevo Testamento se mencionan por lo menos cuatro clases de bautismo.

El primero es el bautismo con agua, en el cual uno es separado de Satanás, del pecado y de la muerte. Ellos tienen que «ahogarse» en las aguas del bautismo (véase 1 Corintios 10.1-2), y uno se levanta a una vida nueva con Dios.

Está el bautismo en el Espíritu Santo, en el cual todo el poder y la efectividad de uno van a la muerte. Luego uno se levanta a recibir el poder de Cristo por medio del Espíritu Santo. Uno encuentra una nueva fuente de poder en él: una muerte y una resurrección.

El tercero es el bautismo con fuego. El bautismo en que son purgadas muchas de las cosas antiguas que hay en nuestras vidas, de tal modo que pueda crecer la nueva vida en Cristo.

Finalmente, en Lucas 12.50, Jesús habla del bautismo del sufrimiento y de la muerte. También pudiéramos llamarlo un «bautismo de sangre». «De un bautismo tengo que ser bautizado». Sus ojos estaban mirando directamente hacia la cruz. Ese bautismo es la muerte de mi propia productividad. Mi propia vida ahora no puede producir nada. Jesús dijo: «si el grano de trigo no cae en la tierra y muere, queda solo; pero si muere, lleva mucho fruto». Ahí están la muerte y la resurrección. Jesús miraba hacia el bautismo del sufrimiento, el bautismo de someterse hasta el fin al servicio y al sufrimiento por otros, y dijo: «¡Ah, cuánta fortaleza siento, cómo me siento sustentado en ello, hasta que se cumpla!».

Nuestra efectividad está limitada hasta que experimentemos este bautismo de sufrimiento y muerte. Mientras nuestras vidas no lleguen a la nada, no puede haber fruto. Humanamente hablando, esto no tiene sentido. Pero ese es el método de Dios. Podemos decir con Jesús: «¡Ah, cómo me siento constreñido hasta que mi propia vida llegue a ser nada, para que la vida de Dios pueda comenzar a crecer en mí y a funcionar por medio de mí!».

En nuestra propia vida, ¿estamos dispuestos a morir a los privilegios, a las comodidades, a los intereses personales para que alguna otra persona pueda obtener la vida de Dios? Pablo dice en 2 Corintios 4.12: «De manera que la muerte actúa en nosotros, y en vosotros la vida». Cuando nosotros morimos a nuestros propios intereses y privilegios personales, eso abre la puerta para la vida que brota en otra persona.

Evans Roberts, el gran dirigente del avivamiento galés que se produjo entre 1905 y 1906, fue llamado por Dios a ser el principal vocero de ese avivamiento. Cuando comprendió que Dios lo había escogido, se fue al campo y lloró toda la noche, pues comprendió que esa era una sentencia de muerte. Comprendió que desde entonces, su tiempo ya no sería suyo, sus comodidades y privilegios serían sacrificados. Toda su vida tendría que estar rodeada por ese avivamiento. Pero ¡ah!, la vida que brotó de ese avivamiento, y todavía está obrando en la iglesia hoy, por causa de que un hombre estuvo dispuesto a recibir el bautismo de muerte.

Años después se le preguntó a Evans Roberts:

—¿Cree usted que alguna vez volveremos a ver un avivamiento como el de Gales?

—¿Quién está dispuesto a pagar el precio? —contestó.

Eso fue lo que Jesús quiso decir cuando expresó: «Si alguno quiere venir en pos de mí, niéguese a sí mismo, y tome su cruz, y sígame». Significa seguirlo a él, rindiendo nuestros privilegios, nuestro tiempo, nuestros propios placeres, para que alguna otra persona pueda llegar a la vida.

No brotará ninguna clase de vida real de la comunidad cristiana mientras no se acepte esa clase de muerte. Aun una pequeña fraternidad pudiera sacudir al mundo entero, si sus miembros estuvieran dispuestos a morir a sus propios privilegios, si cada uno de sus individuos dijera: «Mi tiempo ya no es mío, ni mi dinero, ni mis privilegios, ni mi familia. Estoy en las manos de Dios tan firmemente como lo estuvo Jesús cuando iba hacia la cruz». Una fraternidad compuesta de esa clase de miembros conmovería al mundo.

División

Finalmente, Jesús habló de división. Él dijo: «¿Pensáis que he venido para dar paz en la tierra? Os digo: No, sino disensión». La división es uno de los principios básicos en los tratos de Dios con los hombres. Él separa a las personas con el fin de poder usarlas. Esta también es una dolorosa proposición. Él sacó a Abraham del lado de su familia, cuando vivía en Ur de los caldeos, diciéndole: «Vete de tu tierra y de tu parentela, y de la casa de tu padre, a la tierra que te mostraré. Y haré de ti una nación grande». Es decir, otra clase de gente, separada. El Señor sacó a Israel de en medio de las naciones de la tierra y le dijo: «Sé un pueblo separado; nunca te mezcles con los pueblos que te rodean; sé un pueblo santo apartado para mis propósitos».

En el día de hoy, le dice a la Iglesia Cristiana: «Vosotros sois mi pueblo peculiar. Manteneos sin mancha de este mundo. Sed un pueblo separado». Eso significa purificación. Eso significa que hay que ser sometido al fuego, para llegar a ser separado, distinto, considerado como algo diferente, incluso peculiar. Si no estamos dispuestos a ser diferentes, no podemos ser útiles a Dios.

«Señor, el fuego, ¡no el montón de desperdicios!». «Más bien los fuegos que dividen, separan y me colocan en un lugar donde tú solo tengas acceso a mí, que marchar por mi cuenta y ser una persona simpática y amistosa en el mundo, donde nadie tiene acceso a mi tiempo, ni a mis opiniones, ni a mis ideas, pero donde tampoco te soy útil a ti».

¿Qué es lo que hace la división? Cuando viene por causa de Jesús, nos mantiene cerca de él. Solo mediante la separación de las influencias indiferentes e impías puede uno mantenerse cerca de Jesús. No caigas en la trampa de pensar que eres una gran torre de fortaleza, que se puede mezclar indiscriminadamente con el mundo, y todavía permanecer cerca de Jesús.

Con esto no quiero decir que debes salir del mundo. Quiero decir que nunca debes llegar a ser parte del mundo, de su sistema, de su pensamiento, de su actuación, de su modo de creer. Y esto significa que tienes que pasar una parte generosa de tu tiempo en compañía de otros cristianos, pues no puedes permanecer solo.

Hay personas que han mencionado esto en relación con las vacaciones, por ejemplo. Uno se va de vacaciones y se separa por completo de los demás cristianos. Durante un mes solo experimenta una influencia cristiana mínima. ¿Cuál es el resultado? Uno regresa tal vez físicamente descansado, pero espiritualmente agotado, porque el principio de separación es una ley espiritual básica: uno tiene que ser fortalecido en compañía de otro; luego está en condiciones de salir y compartir con otros la fe. Si no dispones de un lugar en el cual puedas estar como persona separada, donde puedas ser fortalecido y edificado, tu fe se te disipará.

Jesús nunca prometió que la vida de un discípulo sería fácil. Él dijo: «En el mundo tendréis persecución, tendréis el fuego, el bautismo del sufrimiento y la división». Pero también dijo: «estad de buen talante. Yo he vencido al mundo».

Este es el gozo que comparten los cristianos. Ellos son una compañía de personas que se están preparando para el regreso de Cristo. Se están preparando para el reino que Jesús ha de establecer. Él no puede establecerlo con pedazos recogidos del montón de desperdicios. Solo lo establecerá con vidas humanas, con fraternidades que se hayan sometido al fuego. Cuando la escoria y las impurezas hayan flotado y se hayan sacado de nuestras vidas, él las tomará, ya probadas por medio del sufrimiento y del juicio, y con esas vidas edificará su reino.

Señor, el fuego, ¡no el montón de desperdicios!

El fuego, Señor, ¡no el montón de desperdicios!

• GUÍA DE REFLEXIÓN •

1. De las siguientes palabras o frases, ¿cuáles describen mejor el tema de este capítulo?

    a. Pruebas
    b. Oración perseverante
    c. Juicio final
    d. Perdón
    e. Responsabilidad y rendición de cuentas

2. Jesús usa tres figuras o metáforas para hablar del proceso de refinamiento en la vida de sus discípulos. ¿Qué logra cada uno?

    a. El fuego (3 cosas)
    b. El bautismo (2 cosas)
    c. La división (2 cosas)

3. Recuerda o imagina una situación en la que tu propia vida haya pasado por un proceso de refinamiento. ¿Cuál de las metáforas mencionadas en el punto 2 describe mejor la situación en la que estás pensando?

    ____

    ____

    ____

4. ¿Cuál es nuestra parte o responsabilidad cuando nos encontramos en el «fuego del refinamiento»?

    ____

    ____

    ____

5. Para pensar y debatir: ¿Qué podrías hacer para prepararte o responder positivamente ante una «experiencia de refinamiento» en tu vida? ¿Qué tipo de ayuda podríamos ofrecer a quien está pasando por una experiencia de refinamiento?

___

___

___

Quinta parte:

La mente renovada ora con confianza

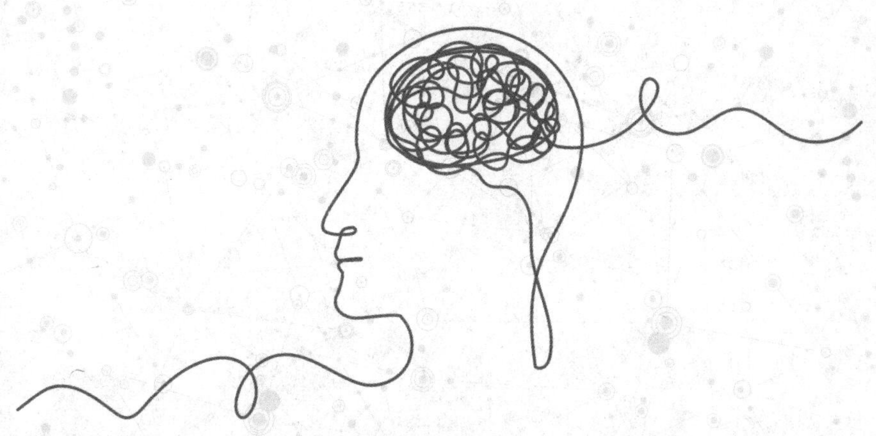

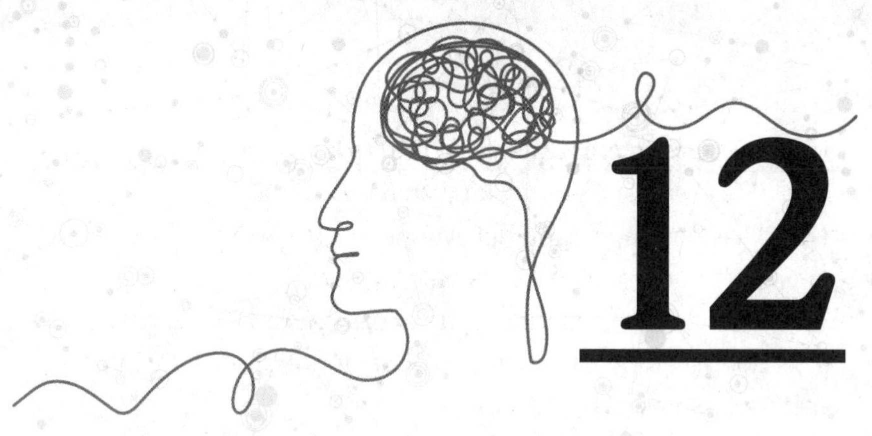

12

Cinco claves para lograr respuesta a la oración

¿De qué porcentaje de tus oraciones recibes respuesta? ¿Del uno por ciento? ¿Del dos? ¿Del cinco? ¿Del diez?

Algunas personas dicen: «Dios siempre contesta la oración: unas veces nos dice que sí; otras veces, que no; otras, que esperemos». Hay verdad en ese modo de expresar tal idea. Y cuando Dios nos dice que no, o que esperemos, ese hecho debe enseñarnos mucho a nosotros como cristianos que somos: en lo relacionado con el rendimiento al Señor y con la paciencia.

Pero cuando la mayoría de nosotros hablamos de las respuestas a las oraciones, nos referimos en realidad a las respuestas que se dan con un sí. Ese es el significado que nos da el sentido común, y es el significado que la Biblia utiliza normalmente: «porque todas las promesas de Dios son en él Sí, y en él Amén» (2 Corintios 1.20).

Cuando Jesús animó a sus discípulos para que oraran con persistencia, les quiso decir que oraran para que recibieran un sí como respuesta. Cuando el apóstol Pablo urgió a las congregaciones de Filipos, Éfeso y Colosas para que oraran por él a fin de que tuviera osadía en la predicación del evangelio, él esperaba que ellos oraran para que la respuesta a la oración fuera un sí. Eso es lo que usualmente queremos decir cuando exclamamos: «¡Dios contestó mi oración!». Pero ¿cuán a menudo podemos decir eso? ¿Cuántas veces Dios contesta sí a nuestras oraciones?

¡No muchas! No son muchas las veces cuando nos hallamos en esa posición de poder espiritual en que sabemos que la oración va a ser contestada. No son muchas las veces en que vemos que los obstáculos imposibles caen ante el poder invisible de Dios. No son muchas las veces en que nosotros presentamos la necesidad de alguna persona ante Dios con ese sentido de absoluta confianza en que dicha necesidad ha de ser resuelta, ¡y luego así resulta! No son muchas las veces en que nos encontramos orando de modo tan unido con otros creyentes cristianos, que virtualmente podemos ver la respuesta antes que llegue.

Hay un secreto —una verdad básica— que, más que ningún otro, hace que aquellas respuestas en que se nos dice que no o que esperemos se conviertan en un sí. Si estamos dispuestos a aprender y a poner en práctica esta verdad, veremos un dramático crecimiento en el porcentaje de las oraciones para las cuales recibimos como respuesta un sí.

No es un método fácil. Los métodos de Dios raras veces lo son. Y, sin embargo, es lo que más se acerca a un atajo en la vida cristiana. Por supuesto, realmente no hay atajos. Pero hay desvíos lodosos que pueden evitarse. Cuando uno evita un desvío innecesario, el efecto que le causa es el mismo como si hubiera descubierto un atajo. Uno pasa al lado de algunas piedras de tropiezo y de algunos sitios de titubeo. Se escapa de dificultades y errores que se comen gran parte del tiempo y de la energía de que disponemos como cristianos.

Cinco claves para lograr respuesta a la oración

Consideremos las siguientes cinco claves para lograr la respuesta a la oración:

1. *Pensar con los pensamientos de Dios.* Muchas de nuestras oraciones fallan precisamente en la plataforma de lanzamiento, porque comenzamos con nuestros pensamientos y no con los de Dios. Se nos presenta una situación y, de una vez, caemos sobre ella con los arpones de la razón humana.

Cuando Jesús les dijo a sus discípulos que tenía que subir a Jerusalén, a sufrir y a morir, Pedro lo reprendió diciéndole: «Señor, ten compasión de ti; en ninguna manera esto te acontezca». Pero Jesús le contestó: «¡Quítate de delante de mí, Satanás!; me eres tropiezo, porque no pones la mira en las cosas de Dios, sino en las de los hombres». En griego, este versículo se lee literalmente: «¡Ponte detrás de mí, Satanás! Tú me «eres piedra de tropiezo, porque no piensas como Dios, sino como hombre"» (Mateo 16.23). No es suficiente pensar con respecto a una cosa que necesita nuestra oración. Tenemos que pensar en ella en la manera en que Dios la considera.

Los pensamientos de Dios iban más allá del sufrimiento que Jesús hallaría en Jerusalén, más allá del rechazo y la humillación, más allá de la cruz y de la tumba. Los pensamientos de Dios estaban adelante en la resurrección, la ascensión triunfante, el derramamiento del Espíritu Santo, la segunda gloriosa venida de Cristo, y el reino que él ha de establecer sobre la tierra.

La respuesta de Pedro, típica de una meramente humana, tenía la vista corta. Él vio el problema inmediato, pero no esperó lo suficiente para descubrir cómo cuadraría ese problema en el pensamiento total de Dios. El saltó en el acto y cercó al problema con un ejército de pensamientos reclutados en el patio de su propia razón humana.

«Porque mis pensamientos no son vuestros pensamientos, ni vuestros caminos mis caminos, dijo Jehová. Como son más altos los cielos que la tierra, así son mis caminos más altos que vuestros caminos, y mis pensamientos que vuestros pensamientos» (Isaías 55.8, 9). Para poder pensar como Dios piensa, tenemos que estar preparados para ir más allá de los límites del mero pensamiento humano. Eso no significa que lleguemos a ser necios o ilógicos. Significa que sometemos nuestros pensamientos a una sabiduría superior a la razón humana. En vez de estar restringidos por una visión corta, que solo ve la situación inmediata, comenzamos a pensar en la forma como Dios piensa.

Eso tampoco significa que veamos y entendamos una situación plenamente, como Dios la comprende. En efecto, cuando nosotros comenzamos a pensar como Dios usualmente no vemos su plan total. Solo tenemos un pensamiento que nos guía a lo largo de una dirección específica. Lo importante es que sea el pensamiento de Dios y que nosotros lo sigamos. Cuando lo hagamos, Dios nos revelará más de sus pensamientos.

Pero, ¿cómo? Esa es la pregunta crítica. ¿Cómo podemos pensar con los pensamientos de Dios, de tal modo que obtengamos más respuestas a nuestras oraciones? Por supuesto, sabemos que Dios nos ha dado una norma como única revelación: la Biblia. Pero, ¿cómo aplica él la Escritura a las circunstancias específicas de nuestra vida diaria? Sabemos, por ejemplo, que él quiere que en la iglesia crezcamos «hasta que todos lleguemos a la unidad de la fe y del conocimiento del Hijo de Dios, a un varón perfecto, a la medida de la estatura de la plenitud de Cristo» (Efesios 4.13). Pero, precisamente, ¿cómo, en esta iglesia, en este tiempo?

Un pastor bautista en el sur de Inglaterra había sentido que Dios quería que su congregación se apartara de las actividades normales durante un mes, en el cual los miembros debían pasar tiempo en oración, en busca de la voluntad de Dios para la congregación. Él sabía, sin embargo, que tal idea hubiera podido ser simplemente su propio pensamiento humano, aunque parecía piadoso y espiritual. De modo que le pidió al Señor que confirmara ese pensamiento, si realmente era de él.

Poco después, uno de los diáconos de su iglesia fue a consultar con él y le dijo: «Pastor, he tenido un pensamiento muy extraño. No puedo sacarlo de mi mente; por ello pensé que debía decírselo a usted. Tal vez sea extravagante, pero se lo diré: que suspendamos todas las actividades durante un mes más o menos y que empleemos ese tiempo solo esperando en el Señor. Como le digo, probablemente sea una idea exagerada».

Cuando los pensamientos de Dios nos llegan, a menudo parecen al principio imposibles o irrazonables. Como Pedro, nuestra tendencia natural es a rechazarlos. Pero si esperamos y estamos alerta, Dios nos confirmará su pensamiento. Uno de los métodos en que él hace esta confirmación consiste en poner el mismo pensamiento en dos o más personas.

Los pensamientos de Dios rara vez se relacionan con nosotros solamente. Él piensa en nosotros en relación con otros, especialmente con nuestros hermanos en Cristo. De modo que si crees que Dios te está emitiendo un pensamiento, abre los ojos y los oídos para saber si él les está diciendo lo mismo a otros. Es uno de los modos más seguros en que él nos confirma su Palabra. Y es un primer paso, gigante, hacia el logro de la respuesta a nuestras oraciones. Jesús dijo: «si dos de vosotros se pusieren de acuerdo en la tierra acerca de cualquiera cosa que pidieren, les será hecho por mi Padre que está en los cielos» (Mateo 18.19). No es el hecho de que nos pongamos de acuerdo en nuestros pensamientos el que nos trae la respuesta a la oración, sino el estar de acuerdo con los pensamientos de él.

Esa es nuestra primera clave para lograr respuesta a nuestras oraciones: Pensar con los pensamientos de Dios.

2. ***Sentir las emociones de Dios.*** El drama musical 1776 tiene una escena en que se lee un comunicado de Jorge Washington al Congreso Continental. Él describe la situación desesperada de la causa americana, el desánimo de las tropas y concluye con estas palabras: «¿No hay nadie allí? ¿Nadie se preocupa?». Todo el drama gira en torno a la lucha de los hombres del Congreso Continental por elevarse sobre sus mezquinos sentimientos personales, para unirse, en corazón y alma, por la causa de la independencia estadounidense. Una gran causa tiene que estar ligada a una emoción común si ha de tener éxito.

Día tras día, el gigante Goliat se pavoneaba para arriba y para abajo ante los ejércitos de Israel burlándose de ellos, desafiándolos a la batalla. Los hombres de Israel temblaban. Ninguno se atrevía a aceptar el desafío del gigante.

Cuando el joven David oyó el desafío del gigante, su corazón se sobresaltó. Sintió el dolor de que los ejércitos del Señor fueran ridiculizados con tantos insultos. Se sintió indignado y celoso por el honor del Señor. «Tú vienes contra mí con espada, lanza y jabalina, pero yo vengo a ti en el nombre del Señor Todopoderoso, el Dios de los ejércitos de Israel, a los que has desafiado. Hoy mismo el Señor te entregará en mis manos» (1 Samuel 17.45, 46). El corazón de David estaba lleno de los sentimientos de Dios. No había lugar para el temor que había inmovilizado a los hombres de Israel.

Nuestras oraciones carecen de poder porque muy a menudo están atadas e inmovilizadas por nuestras propias emociones. No reflejan los sentimientos de Dios.

¿No sorprende pensar que Dios tenga sentimientos? La Biblia afirma eso de una manera sumamente clara. Dios es de corazón tierno y compasivo. Se entristece, siente dolor por su pueblo. Dios se enoja, odia el pecado y la perversidad.

Además, las personas y los ángeles comparten la emoción de Dios. Jesús lloró por Jerusalén. Los ángeles se regocijan cuando un pecador se arrepiente. Cuando Nehemías oyó acerca de la desolación de la santa ciudad de Jerusalén, se sentó y lloró varios días.

Dios no toma en serio a aquellos que no comparten con él sus sentimientos. «Este pueblo me honra con los labios, pero su corazón está lejos de mí» (Mateo 15.8). Si han de ser contestadas nuestras oraciones, no solo debemos pensar como Dios, también tenemos que sentir como él.

Cuando hablamos de pensar con los pensamientos de Dios, vimos que es importante esperar las señales que se puedan ver en otros cristianos. Dios a menudo confirma algo poniendo el mismo pensamiento en más de una persona. Esto es aun más cierto con respecto a los sentimientos de Dios. Nunca podremos aprender a sentir la emoción de Dios por nuestra propia cuenta.

La emoción, por su misma naturaleza, tiende a ser una experiencia compartida. Si sientes una emoción, es casi imposible mantenerla dentro de ti mismo. Aun si trataras de mantenerla, los que te conocen mejor pueden descubrirla. «Mira, ¿qué te pasa? Hoy no eres el de siempre». O tal vez te digan: «Tienes una apariencia como la del gato que se tragó el canario. ¿Qué te pasa?». Cuando sientes algo, tiendes a comunicárselo a otros.

Por otra parte, cuando otros sienten algo, tú lo obtienes de ellos. ¿Se te ha pegado alguna vez el mal humor de otra persona? Comenzaste el día feliz y con confianza, pero luego se te metió una cara larga de pesimista, y toda la disposición para el día toma una apariencia sombría. O, tal vez, pudiste haber estado traqueteando con solo dos pistones hasta que un muchacho de ojos brillantes irrumpió en tu cuarto, derramando entusiasmo por todos lados, y de repente te animas.

La emoción es contagiosa. Esa es la razón por la cual el escritor de la Epístola a los Hebreos le dice a su pueblo que no descuiden la reunión donde puedan estimularse el amor y a las buenas obras, donde puedan animarse unos con otros (Hebreros 10.24, 25).

Cuando nos metemos en ambientes no cristianos, o nos reunimos en ellos, los sentimientos que tienden a expresarse son los nuestros. Aun cuando nos reunamos como cristianos, muy a menudo damos simplemente rienda suelta a nuestros propios sentimientos. Necesitamos ser sensibles a los sentimientos de Dios y expresarlos. Porque lo que expresamos se difunde entre otros.

Un funcionario de una iglesia anglicana dijo que la más prometedora esperanza de paz para Irlanda del norte eran los grupos de oración de tipo carismático interdenominacional, los cuales unían a protestantes y católicos. Tres muchachas protestantes de un barrio de Belfast fueron a un barrio católico por la noche, para asistir a uno de esos grupos de oración.

—¿No comprenden ustedes que pudieran ser asesinadas? —les preguntaron unas personas católicas.

—Hemos pensado en eso con detenimiento —contestaron las muchachas— y estamos dispuestas a dar nuestras vidas por ustedes.

Ellas hubieran podido dejar que sus corazones se llenaran de la amargura y la desconfianza que las rodeaban. Hubieran podido haber dado lugar al temor y a la incertidumbre. Pero permitieron que Dios colocara la emoción de él en los corazones de ellas, la tristeza que él siente por el hecho de que su pueblo se halla separado por el odio y la amargura, el amor que él siente hacia aquellos que pertenecían a «ellos», pero que, sin embargo, eran hijos de él. Y cuando ellas expresaron ese sentimiento, se difundió. Los católicos abrieron sus corazones al mismo sentimiento, los muros del prejuicio comenzaron a derrumbarse.

Esta es nuestra segunda clave: Si queremos que nuestras oraciones sean contestadas, tenemos que sentir la emoción de Dios.

3. *Desear el plan de Dios.* Puedes pensar con los pensamientos de Dios y sentir las emociones de Dios, sin embargo, todavía estar en los laterales como observador. Este es el paso del sometimiento personal. Es allí donde los pensamientos y los sentimientos de Dios llegan a ser tu preocupación personal. No sabes lo que Dios sabe y sientes lo que él siente, sino que quieres lo que Dios quiere.

«Escogería antes estar a la puerta de la casa de mi Dios, Que habitar en las moradas de maldad» (Salmo 84.10). David hubiera rendido todos los honores terrenales y aceptado la posición más baja en la casa de Dios. Tan intenso era su deseo de estar con Dios. Nótese que David contrastó una vida en las moradas de maldad con una vida en la casa de Dios. El deseo por el plan de Dios aumenta solo cuando abandonamos nuestro deseo por otro plan. Para poder desear el plan de Dios, tenemos que estar listos para sacrificar cualquier cosa que esté en el camino de ese plan.

Muchas de nuestras oraciones quedan sin respuesta por el hecho de que tratamos de servir a Dios y obedecerle sin desear realmente su plan. Sentimos cierta obligación hacia Dios, por tanto, damos un poquito y hacemos un poquito. Pero no nos preocupa profundamente si de ello se logra algo o no. Tan pronto como hemos cumplido nuestro deber, podemos volver a aquello que realmente deseamos, que es nuestro propio plan, nuestra propia vida vivida a nuestra manera.

Necesitamos estar tan completamente envueltos en los planes de Dios que si ellos caen, nosotros caemos con ellos. Necesitamos llegar a ser sensibles hasta comprender cuáles son las cosas que Dios quiere que sometamos, a fin de que él pueda encender en nosotros el deseo por su plan. La expresión «Venga tu reino» tiene que llegar a ser más que una frase aprendida de memoria. Tiene que llegar a ser una pasión que consuma nuestras vidas.

Loren Cunningham,[1] fundador de la organización Juventud con una Misión [Youth With a Mission], cuenta cómo Dios le indicó un nuevo campo ministerial que económicamente era imposible emprender. Pero cuando comprendió que ese era el pensamiento

1. Le debo la estructura de este capítulo al señor Cunningham.

de Dios, y no el suyo, y comenzó a sentir la emoción de Dios en ello, descubrió que cada vez le era más difícil descartar tal ministerio.

«Señor, ¿qué es lo que quieres que hagamos?», preguntó.

«Dad todo —le contestó Dios—. Todo, hasta quedar sin nada».

Cuando ellos dieron cuanto tenían, y quedaron sin nada, comenzaron a desear este plan con todo su corazón y su alma. Y fue entonces cuando Dios comenzó a contestar sus oraciones en forma milagrosa. Para poder lograr respuesta a nuestras oraciones, tenemos que desear el plan de Dios. Y para poder desear el plan de Dios, tenemos que sacrificar todo lo que esté en el camino de ese plan.

Esta es nuestra tercera clave para lograr respuesta a nuestra oración: Desear el plan de Dios.

4. *Hablar las palabras de Dios.* Pensar, sentir, desear: pensemos que estas expresiones son esencialmente silenciosas, aunque, como lo hemos visto, implican un sometimiento real. Pero en nuestras oraciones llegamos a un punto en que tenemos que hablar. Tenemos que declarar las palabras de Dios para alguna situación en particular. Tenemos que colocar nuestra fe en línea.

Dios pensó con respecto a un mundo; deseó un mundo. Pero el mundo llegó a existir solo cuando Dios habló.

Jesús pensó en levantar a Lázaro, aun antes de llegar a Betania, donde Lázaro había muerto. Experimentó la emoción de Dios junto a la tumba, y lloró, pues dijo:

> «No puede el Hijo hacer nada por sí mismo, sino lo que ve hacer al Padre».
>
> —Juan 5.19

Él sabía que el plan de Dios era que Lázaro fuera resucitado, y deseó ese plan. Pero Lázaro permaneció en la tumba hasta que

Jesús clamó: «¡Lázaro, ven fuera!». La palabra hablada energiza los planes de Dios.

¿Por qué tantas de las oraciones que pronunciamos quedan sin respuesta? ¿Por qué nuestras peticiones se derraman en torrentes, mientras que las respuestas a nuestras oraciones regresan por gotas? Porque hablamos nuestras palabras en vez de hablar las palabras de Dios.

Nuestras palabras pueden expresar solo un deseo o una esperanza. Las palabras de Dios expresan una intención divina que Dios respaldará.

> «Porque como desciende de los cielos la lluvia y la nieve, y no vuelve allá, sino que riega la tierra … y da semilla al que siembra, y pan al que come, así será mi palabra que sale de mi boca, no volverá a mí vacía, sino que hará lo que yo quiero, y será prosperada en aquello para que la envié».
>
> —Isaías 55.10, 11

Si queremos que nuestras oraciones sean contestadas, tenemos que llegar al punto en que no hablamos nuestras palabras, sino las de Dios; en que las palabras de nuestras oraciones en la tierra son un eco de las palabras que Dios ya ha hablado en el cielo. Jesús dijo:

> «…nada hago por mí mismo, sino que según me enseñó el Padre, así hablo».
>
> —Juan 8.28

Esa fue la razón por la cual sus oraciones fueron tan efectivas. Él hablaba las palabras de Dios.

Hablar las palabras de Dios, por supuesto, es algo que está estrechamente relacionado con pensar con los pensamientos de Dios, pero no es lo mismo. La acción de pensar con los pensamientos de Dios se realiza quietamente dentro de nosotros. Nuestro deseo por el plan de Dios puede ser un sometimiento bastante privado. Pero cuando hablamos las palabras de Dios, el sometimiento llega a ser público. Y esto presenta dos peligros opuestos e iguales.

Por una parte, estamos en peligro de hablar solo lo que deseamos o ambicionamos. Por otro lado, tememos que pudiéramos no estar hablando las palabras de Dios y, por tanto, nos callamos y no decimos nada. ¿Cuál es la solución para este dilema?

San Pablo dice: «Asimismo, los profetas hablen dos o tres, y los demás juzguen» (1 Corintios 14.29). El profeta pudiera estar hablando la palabra de Dios según su mejor comprensión. Pero es posible que no haya obtenido el mensaje completo, o que no lo haya comprendido plenamente. De modo que sus palabras son pesadas por otros. Si queremos aprender a hablar las palabras de Dios, tenemos que estar dispuestos a someter nuestras oraciones y pronunciamientos a la evaluación y corrección de nuestros hermanos.

Esto significaría una radical revaloración de toda nuestra actitud hacia la oración. Si una persona hace una declaración falsa o mal fundada en una discusión, se le llama la atención. Pero si alguno hace lo mismo en la oración, nos lo tragamos con un silencio piadoso. Hablar las palabras de Dios no es algo fácil. ¿De dónde sacamos la idea de que podemos hablarlas sin siquiera aceptar algo de ayuda, ni de corrección, ni de dirección? Si queremos hablar la palabra de Dios, tenemos que estar dispuestos a entrar en la escuela de la oración en el sentido literal de este término. Por medio de la ayuda y de la corrección de otros hermanos, podemos aprender a distinguir la palabra de Dios. Entonces lo que digamos no serán puras palabras que se quedan en el aire, sino poder que se libera.

Esta es nuestra cuarta clave para lograr respuesta a nuestra oración: Hablar la palabra de Dios.

5. *Hacer las obras de Dios.* Si hemos comenzado pensando con los pensamientos de Dios, y seguimos hablando sus palabras, ¡hay la posibilidad de que quedemos atrapados en una situación imposible! Y es allí donde muchas respuestas a las oraciones se pierden. Vemos la situación imposible y oprimimos el botón del pánico. «¡Tuve que haber hecho un error en alguna parte! ¡Esto es imposible!». La tragedia consiste en que cuando se llega a este punto, la oración es tan buena como si estuviera contestada. Lo único que se necesita ahora es que hagamos lo posible, y confiamos que Dios haga lo imposible.

Lo «posible» puede ser alguna clase de sometimiento de nuestra parte, que no es suficiente para que se realice todo, pero que estamos en capacidad de hacerlo completamente. Esa es la historia del muchacho que tenía los cinco panes y los dos peces. Lo único que era posible para él era dárselos a Jesús. Pero eso era lo único que Dios necesitaba para realizar el milagro. «Hacer las obras de Dios» significa hacer todo lo que es posible y confiar que Dios ha de hacer lo demás.

Esta es nuestra quinta clave para lograr respuesta a nuestra oración: Hacer las obras de Dios.

Pensar con los pensamientos de Dios…

Sentir la emoción de Dios…

Desear el plan de Dios…

Hablar la palabra de Dios…

Hacer las obras de Dios…

¿Qué es lo que hace todo esto? Jesús lo dijo del siguiente modo: «No puede el Hijo hacer nada por sí mismo, sino lo que ve hacer al Padre; porque todo lo que el Padre hace, también lo hace el Hijo igualmente» (Juan 5.19). El secreto para lograr respuesta a la oración está en descubrir qué es lo que Dios está haciendo y hacer lo mismo.

• GUÍA DE REFLEXIÓN •

1. De las siguientes palabras o frases, ¿cuáles describen mejor el tema de este capítulo?

    a. Divina guía
    b. Cómo obtener respuestas positivas a la oración
    c. Estar de acuerdo
    d. Discernir la voluntad de Dios
    e. Fe y obras

2. ¿Qué hilo conecta las «cinco claves a la oración respondida»?

    ____

    ____

3. ¿Qué nos enseña Jesús sobre la oración contestada?

    a. Juan 5.19.
    b. Juan 8.28.

4. ¿En qué se diferencia el «hablar las palabras de Dios» de «pensar los pensamientos de Dios»?

    ____

    ____

5. Para pensar y debatir: ¿Qué tipo de hábitos o ayudas podríamos usar para aumentar el porcentaje de respuestas positivas que recibimos a nuestras oraciones? ¿Cómo definirías la mentalidad de la persona con un alto porcentaje de respuestas positivas a sus oraciones?

    ____

    ____

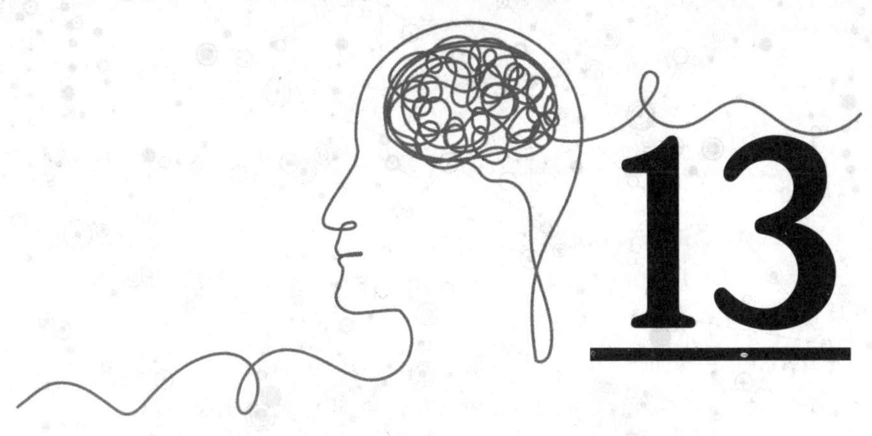

La oración en el nombre de Jesús

Una de las declaraciones más importantes que se hacen en la vida de oración es esta: «En el nombre de Jesús». A estas cinco palabras está unida una de las más notables promesas de la Biblia: la de que la oración será contestada sin límites.

Ahora bien, el problema es este: Muchos de nosotros hemos orado usando esa expresión y, sin embargo, nuestras oraciones no han sido contestadas. ¿Por qué?

La razón es que no solo hemos tenido una comprensión inadecuada de lo que dicha expresión significa, sino también de lo que implica. Aun más agudamente, no hemos comprendido qué es lo que tal fórmula incluye de nosotros.

Lo primero que necesitamos es una estructura que nos ayude a comprender el significado de la fórmula. Pensemos en una ilustración: Durante un verano, cuando yo estudiaba en la universidad, viajé como representante de la compañía Northrup-King Seed. Antes de enviar esta compañía a los representantes a sus respectivos distritos, los sometía a un rápido programa de entrenamiento de dos semanas.

En una de las sesiones de la mañana, el instructor hizo esta observación: «Recuerden, ustedes van a vender semillas, no chicles ni caramelos».

Nos quedamos perplejos mirándonos unos con otros. Por supuesto, lo que hacíamos era vender semillas. Eso lo sabíamos. Para eso nos había contratado la compañía. ¿Qué, pues, significaba lo que decía el instructor?

Él pasó a explicar que algunas veces los vendedores habían tratado de aumentar los ingresos llevando también otros productos para la venta. Luego de hablar con el cliente lo relacionado con el pedido de semillas, presentaban lo relacionado con los chicles y los caramelos. Los chicles y los caramelos, por supuesto, se vendían a expensas de la compañía Northrup-King, la cual pagaba todos los gastos de viaje y lo necesario para que los agentes hicieran sus contactos.

«Pero aun más importante que eso» —nos dijo el entrenador—, «no queremos atar nuestra reputación a ninguna otra cosa que no sea nuestro producto. Si usted va como representante de nuestra empresa y le vende a un hombre algo que no tiene relación con nosotros, en la mente de ese hombre, usted nos relaciona con otro producto. Podemos y queremos garantizar nuestras semillas, pero no podemos respaldar los chicles ni los caramelos».

Ninguno de los representantes nos opusimos a lo que nos decía el hombre. Eso tenía sentido perfecto. La compañía que lo contrata a uno tiene el derecho de exigir su lealtad no dividida y su servicio mientras se encuentra en el desempeño de sus funciones. Cualquiera que entra a ser empleado de otra persona, aparta sus actividades privadas cuando está en el desempeño de su trabajo. San Pablo dice: «Ninguno que milita se enreda en los negocios de la vida». Las actividades y los objetivos del patrono llegan a ser preocupación personal del empleado. Lo que hace, lo hace como representante de su patrono. No actúa simplemente en nombre propio, sino en el de su patrono.

Esta es la clase de estructura que necesitamos para entender lo que significa orar «en el nombre de Jesús». Cuando oramos, estamos representándolo a él y a sus intereses. Él tiene un gran plan para la redención de la humanidad. Quiere que presentemos este plan al Padre en oración, para que obtengamos del Padre los recursos y el apoyo que se necesita para llevar adelante este plan.

Jesús nos emplea para que llevemos a cabo esta operación de oración en algún territorio específico. Orar «en el nombre de Jesús», por tanto, significa que Jesús nos emplea para que le ayudemos a cumplir su obra de oración.

Ahora bien, para representar a otra persona, tenemos que saber cómo es esa persona, cuáles son sus planes y qué es lo que espera de nosotros. Tenemos que dejar de pensar y reaccionar según nuestra propia manera de pensar, y comenzar a reflexionar y reaccionar conforme a su punto de vista. Si hemos de aprovechar las promesas de la Biblia con respecto a la oración «en el nombre de Jesús», tenemos que comenzar a considerar todo ese asunto de la oración desde el punto de vista de Jesús.

Conoce su propósito

En Juan 16.23, Jesús dice: «En aquel día no me preguntaréis nada». Con el término «aquel día», Jesús se estaba refiriendo al tiempo en que volvería a sus discípulos luego de la resurrección. Se refiere a la relación entre los discípulos y el Señor resucitado, lo que Jesús dice en este caso puede, pues, aplicarse a los cristianos de hoy también, los cuales tienen una relación por fe con el Señor resucitado.

Cuando Jesús dice que no le preguntaremos nada, no quiere decir que no podamos nunca orar a él. En Juan 14.14, él mismo dice claramente: «Si algo pidiereis en mi nombre, yo lo haré». El cristiano ciertamente puede orar a Jesús.

Lo que Jesús trata de decir en Juan 16.23 es que nuestra oración ha de pasar por un cambio básico en su punto de vista, lo cual equivale a decir que, hasta ahora, hemos orado en nuestro propio nombre. Ustedes han orado por las cosas que han querido, por las cosas que los han preocupado, han presentado peticiones a Dios en su propio nombre.

Pero cuando yo regrese a ustedes, comenzarán a orar en mi nombre. Su primer pensamiento, no será: «Señor, ¡ayúdame! Señor, haz esto, por favor, o bendice aquello». Más bien, harán una pausa y dirán: «Señor, ¿cuál es tu propósito aquí? ¿Cuáles oraciones quieres que hagamos?».

En vez de presentar tus peticiones a Jesús, comenzarás a averiguar cuál es el propósito de él. Eso es lo que significa orar en el nombre de Jesús. Te estás preparando para ser representante suyo y para ello tienes que saber cuál es el propósito de él y sus metas, de modo que puedas apropiártelos.

¿Comprendes qué cambio tan radical sería este para muchas personas? Poner a un lado nuestros propósitos y preguntar cuáles son los propósitos de Jesús. Eso me hace pensar en lo que le sucedió a un niño de dos años de un amigo nuestro. Una tarde fuimos a visitar la casa de esos amigos. Sobre la mesa en que se sirvió el café había algunos caramelos suaves que al niño le gustaban mucho. La madre le dijo que tomara uno y me lo diera a mí. Él lo cogió en sus dedos y se dirigió hacia mí, manteniendo el caramelo en frente de él. Mientras miraba el caramelo, parecía que era atraído hacia su boca como por un imán, antes que llegara hasta donde yo estaba ya se lo había comido. El caramelo era algo que él se debía comer. Todavía no estaba adaptado a la idea de que era también para otros.

Por desdicha, aun en libros cristianos se sostiene la idea de que la oración es principalmente un medio para satisfacer nuestras necesidades. La oración, especialmente la que se hace en el nombre de Jesús, es primariamente un medio para cumplir los propósitos de Jesús. Esa es la razón por la cual el Padre nuestro comienza con peticiones para que el nombre de Dios sea glorificado, para que venga su reino, para que se haga su voluntad.

George McCausland dice que experimentó un importante adelanto en la oración intercesora cuando comenzó a orar teniendo en mente el propósito de Dios en lo que pedía. Él había tenido el hábito de orar de esta manera: «Señor, ayuda a esta persona (por la cual estoy preocupado). Señor, ven acá; Señor, ve allá». Luego cambió su enfoque y comenzó a orar más o menos de este modo: «Señor, ¿qué puedo hacer para ayudarte en el plan que tienes para esta persona, para esta situación, para esta necesidad?». El cambio fue casi inmediato. Sintió que estaba orando con nueva autoridad y nuevo poder. Ya no estaba representando sus propios intereses ante Dios, sino los de Jesús. Él era representante personal de Jesús y, por tanto, los propósitos de Jesús eran los suyos. Si queremos orar «en el nombre de Jesús», tenemos que saber cuáles son los propósitos de él, para poder presentarlos delante de Dios.

Conoce su producto

Ningún vendedor que no conozca su producto puede hacer que ascienda su marca en el gráfico que representa las ventas. Tiene que conocer completamente el producto. Y si Jesús nos emplea a nosotros en este asunto de la oración, necesitamos saber qué es lo que puede hacer la oración, qué clase de capacidades tiene.

¡Recordemos que el «Cliente» es Dios! Acudes ante él con una oración: la oración de Jesús; solo representas los intereses de él en un territorio en particular. Tú tienes que «venderle» a Dios explicándole el valor de esta oración, para que él pueda hacer entrega de lo que demanda la oración, así como un comprador entrega cierta cantidad de dinero cuando el vendedor le presenta un producto que este ve que aquel puede usar.

En la Biblia, Jesús nos presenta a Dios como uno que quiera que lo convenzan. En dos parábolas que se hallan en el Evangelio según Lucas, Jesús nos dice que debemos persistir en la oración hasta vencer la resistencia que Dios presenta a los que le quieren vender productos (Lucas 11.5-8; 18.1-8).

Martín Lutero oró una vez por su amigo Felipe Malenchthon, que se hallaba enfermo. Él dijo: «Puse a Dios en aprietos. Le recordé todas las promesas que hizo con respecto a la oración. ¡Y le dije que yo simplemente no podía continuar creyendo en él, si no sanaba a Felipe!».

Ahora bien, eso es lo que pudiéramos llamar «una actitud persistente y agresiva de un vendedor». ¡No se recomienda para el que comienza! Pero tiene su lógica. Lutero sabía que tenía un buen producto. Sabía que a Dios no solo le gustaba la oración, sino que necesitaba la oración. Él ha decidido manejar todo su reino por medio de la oración.

Las oraciones de Jesús son tan necesarias para la marcha del reino de Dios como lo es el combustible de aeroplanos para un avión de pasajeros. Cuando un vendedor de combustible de la Shell, por ejemplo, llama al agente de compras de una línea aérea, sabe que tiene un producto sin el cual no puede funcionar la aerolínea. Y nosotros tenemos una gran ventaja sobre el vendedor de la Shell. Este tiene que competir con los vendedores de otra media docena de compañías. Pero nadie nos hace competencia cuando vamos a «venderle» a Dios. Él tiene un favoritismo prefabricado para las oraciones de Jesús. Él sabe que esas son las únicas oraciones que tienen poder y autoridad para edificar su reino.

¿Qué pensarías de un vendedor que llegara a ofrecerte una mercancía que vale cien dólares por el precio treinta y siete? Te preguntarías si la mercancía es defectuosa o si es una imitación barata. Jesús espera que nosotros le demos el pleno valor a sus oraciones. Cuando oramos en el nombre de Jesús, nos atrevemos a esperar grandes cosas de Dios, por cuanto las oraciones de Jesús demandan el premio de la recompensa. Jesús dijo: «Yo espero que ustedes vayan a hacer exactamente las mismas obras que yo hago, y que logren la misma clase de respuestas a la oración que yo logro». Si no estamos recibiendo respuestas a nuestras oraciones, tal vez necesitemos examinar más de cerca el producto que hemos estado ofreciendo. ¿Es el producto de Jesús? ¿O hemos estado interesados en ofrecer chicles y caramelos?

En términos prácticos, eso significa que antes que presentemos a Dios nuestra petición, tenemos que dedicarnos a preguntar cuidadosamente y a oír. «Señor Jesús, ¿qué es lo que quieres aquí? ¿Qué es lo que quieres que yo pida para esta persona?». Mientras nos vamos tranquilizando internamente y oímos, él nos dirá la clase de oración que quiere que ofrezcamos al Padre en ese momento.

Cuando el Padre ve esa oración y nota que tiene la marca de fábrica de su Hijo, te sorprenderá la manera tan rápida en que concluye el negocio.

Conoce su plan para ti

Jesús tiene un plan personal para cada uno de los que emplea en este negocio de la oración. Cuando estábamos tomando el curso de entrenamiento en la compañía Northrup-King, uno de los vendedores más sobresalientes nos dio ciertas instrucciones una tarde.

«Él maneja el negocio con la cadena de almacenes Woolworth —se nos dijo—. No queremos que ninguno de ustedes, entusiastas vendedores, se presente a ofrecer nuestros productos en ninguna de las tiendas Woolworth. Eso se maneja a nivel nacional».

Orar en el nombre de Jesús significa trabajar en él territorio que él nos asigna. Agnes Sanford llamó a esa responsabilidad «mi paquete». Jesús coloca en nuestro paquete oraciones que son apropiadas para nuestra edad espiritual y nuestra experiencia. Esto es consecuente con su personalidad, que nos anima y nos educa.

Cuando enfocamos nuestra mirada en su propósito y conocemos su «producto» (es decir, llegamos a comprender el poder de la oración), también comenzamos a sentir su interés personal en nosotros y en el progreso de nuestra oración; así como un buen patrono se interesa en que su vendedor se agarre bien de su trabajo y comience a producir resultados.

Tuve el privilegio de visitar una vez a Sarah Covington. Ella es miembro de la congregación que se desarrolló de la Azusa Street Mission, la cual fue el centro del gran avivamiento pentecostal de 1906. De los que vivieron en el tiempo del avivamiento, ella es la única que queda con vida.

Mientras hablamos, ella se mantuvo haciendo referencia a «algo nuevo de lo cual le estoy preguntando al Señor». No quería decirnos qué era. Pero sacamos la idea de que era algo muy definido entre ella y el Señor. Era algo así como si se le hubiera asignado un nuevo territorio y ella estaba haciendo un reconocimiento de él. Ya tenía más de noventa años de edad, pero su entusiasmo no había menguado. Mientras estuvimos allí, recibió unas dos o tres llamadas telefónicas, todas trataban de algo relacionado con el Señor y con su obra.

En este negocio del Señor, no hay desempleo, ni hay jubilación. Cuando Jesús hace el contrato contigo, es para toda la vida. En efecto, se garantiza la estabilidad en este trabajo por toda la eternidad.

• GUÍA DE REFLEXIÓN •

1. De las siguientes palabras o frases, ¿cuáles describen mejor el tema de este capítulo?

   a. Orar con humildad
   b. Orar según la voluntad de Dios
   c. Crecer en oración
   d. Cómo presentar ante Dios nuestras oraciones
   e. Qué hacer ante la oración sin respuesta

2. ¿Cuál dirías que es el cambio básico que debe ocurrir en nosotros para que oremos efectivamente «en el nombre de Jesús»?

   ____

   ____

3. ¿Tienes un sentido de «territorio de oración» específico que Jesús te haya asignado?

   ____

   ____

4. Según este capítulo, ¿qué «producto» le estás «vendiendo» a Dios cuando vienes ante él en oración?

   ____

   ____

5. Para reflexionar y dialogar: ¿¿Qué prioridades tiene Jesús en el «territorio de oración» que te confió? ¿Cómo evaluarías los resultados de tus oraciones en su nombre? ¿En cuáles has visto menos fruto?

   ____

   ____

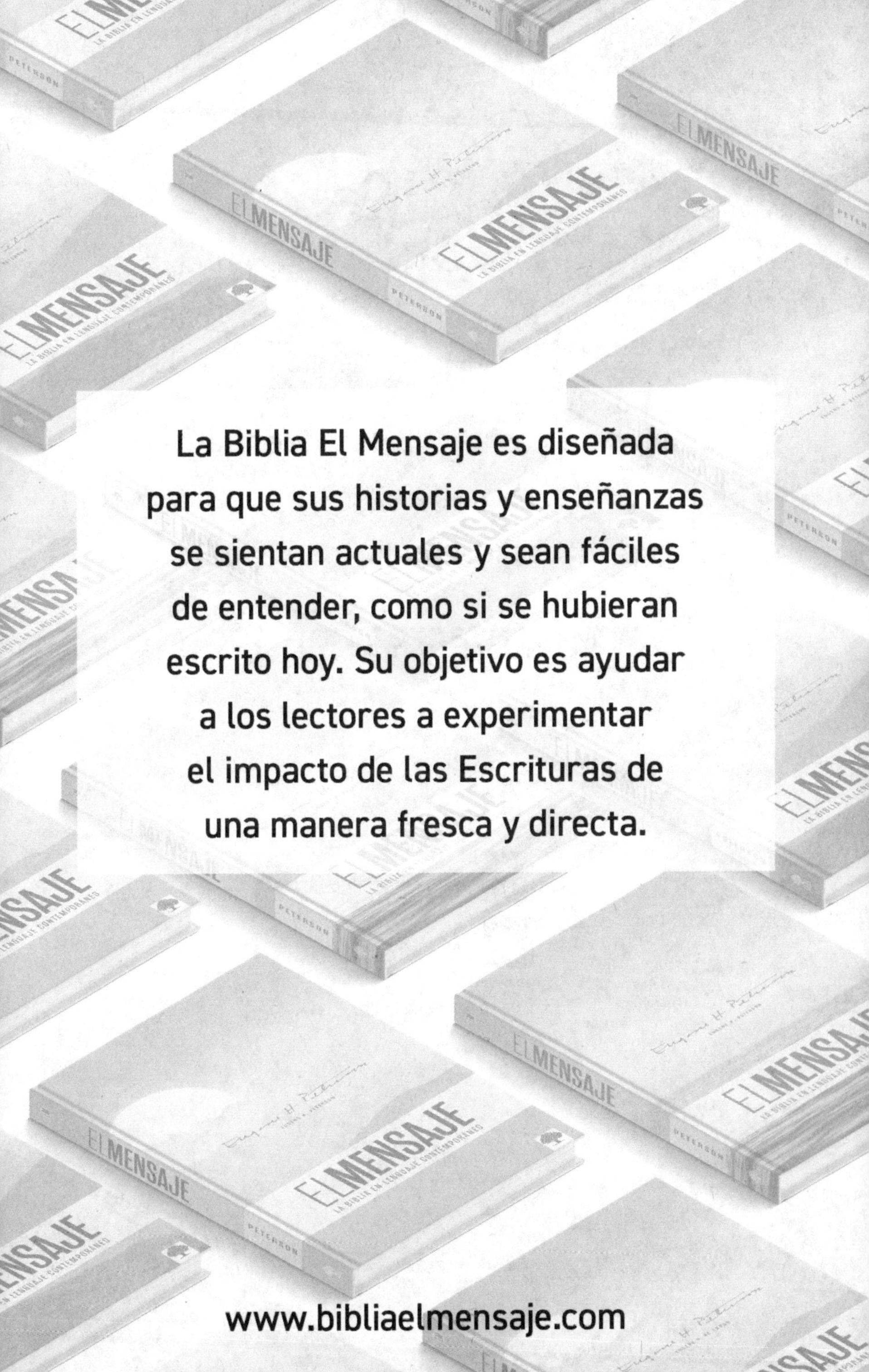
La Biblia El Mensaje es diseñada
para que sus historias y enseñanzas
se sientan actuales y sean fáciles
de entender, como si se hubieran
escrito hoy. Su objetivo es ayudar
a los lectores a experimentar
el impacto de las Escrituras de
una manera fresca y directa.
www.bibliaelmensaje.com

CASA
CREACIÓN